別れない理由

原田 愛

KODANSHA

はじめに

はじめましての方にもそうでない方へも、まずは自己紹介。

原田龍二の嫁、原田愛です。

このたび、なんと本を出すことになりました！　私なんかが……と恐縮しっぱなしですが、チャンスには全力で乗っかりたい人なので、いただけるお仕事は前向きに挑戦しております。

元々文章を書くことが好きだったというのもあり、今年ブログを始めました。それがキッカケとなって、今こうしてお仕事をいただけるまでになって。人生って本当に何が起こるかわかりません。この本では、「まさか」の連続だった私とパパのお話を色々と綴りました。

ご存知の方も多いかと思いますが、恥ずかしながらうちの夫は浮気夫です。そして私は浮気サレ妻です。週刊誌に撮られてしまい、謝罪会見までしたパパ。でも私にとってあれは3回目の浮気だったんです。もう浮気サレるほうもスルほうもある意味、上級者です。今でこそ、こうやって笑い飛ばせるようになりましたが、この境地に至るまでには山あり谷あり、それはそれは壮絶な道のりでした。

浮気サレた人への指南書だなんて、大仰《おおぎょう》なことは言えませんが、この本には私たち夫婦が……いや、私がどうやって夫の浮気を乗り越えてきたかを中心に書いております。離婚するだけが選択肢じゃない、どうして3回も浮気サレたのに私が今でもパパと一緒にいるのか。テレビやインタビュー、ブログだけでは伝えきれなかった私たち夫婦の30年と、私たち家族のエピソードをつらつらと書き綴りました。

浮気サレてボロボロになってもなんとか這《は》い上がってきた私の話を、ぜひ軽い気持ちで読んでいただけたら嬉しいです。できれば寝っ転がりながら、もしくはカフェでお茶しながら、はたまたビールを飲みながら。リラックスして覗いてみてください。

あ、パパの悪口多めなのはごめんなさい。これでも気持ちを抑えたほうですが、どうしても……ねえ（笑）。

CONTENTS

第1章

やっぱりきた！

3年目の浮気

2人の父と自由人の母

私には2人の父がいたのですが、その生い立ちを話すとよく「波乱万丈な人生だね」と言われます。それはおそらく、パパこと原田龍二の浮気話も込みのコメントなんでしょうけど、でも今振り返ってもなかなかな幼少期をすごしてきたなと思っています。

私は小学校2年生になるまで東京都の港区で育ちました。2歳離れた兄と一緒に駐車場でドロケイをしたり、新幹線の高架下に秘密基地を作ったり……街中が私たちの遊び場でした。当時は、自転車に乗って田町のロッテリアに行くだけで、もう大冒険。いつも兄のうしろにくっついて遊んでいたのはいいけど、兄は兄でそんな私が面倒臭かったらしく、撒《ま》かれたり逃げられたりすることも日常茶飯事で。でも私は私で、それすらも楽しんであとを追いかける日々でした。

その頃、私の最初の父はグラフィックデザイナーの仕事をしており、遅くに帰ってきて、朝寝るという生活スタイル。一方、自由人だった母は、「六本木に行ってきます」と書き置きを残して遊びに行くこともしばしば。起きて「あれ、ママいない……」という状況もありました。そんな中、いつも泣いている私と結構平然としている兄。兄妹2人ですごす時間も多かったので、必然的に遊び相手＝兄という構図が幼いながらにできあがっていたんでしょうね。

そんな港区生活に別れを告げたのは、小学校2年生の夏休みでした。父と母が離婚をすることになり、私と兄は母と共に母の実家がある神奈川県茅ヶ崎市へとお引っ越し。コンクリートジャングルで育った私は、自然の素晴らしさと海のそばで暮らす毎日があっという間に大好きになりました。自然は心を豊かにすると言いますが、まさにその通りでした。

そこからは祖父母の家で暮らしていたのですが、4年生のある日、母が再婚することが決定。ちなみに、2番目の父は何をしていた人か私もよく知りません。さらに、結婚生活はわずか2年。あっという間に終わりを迎えた新たな生活でしたが、母と2番目の父は離婚後も付き合ったり別れたりを繰り返していて……。それは私たち子供も公認（？）だったのですが、私が中学生になって反抗期に突入してからは、母たちの関係性に嫌悪感を抱くこともありました。

ちなみにそんな2人は、のちに茅ヶ崎でスナックを経営したりして、なんやかんや私が20代半ばになるくらいまでずっと一緒にいたんです。なんか不思議ですよね。男女の仲のことは当人にしかわからない。それは私とパパにも言えることかもしれませんが、本当にその通りですね。

当時の私はといえば、茅ヶ崎に引っ越してから始めたバレーボールに夢中でした。小学生の頃はアタッカーとしてクラブチームに所属し、湘南地区の最優秀選手に選ばれたりもして……。試合会場などで、「握手してください」とか言われて、もう完全に調子に乗っていたかもです。そして中学に進み、当然のようにバレーボール部に入部。同じクラブチームのメンバーなど経験者がいる中、顧問の先生がバレーボール未経験で……。天狗街道まっしぐら。私は先生をバカにした態度をとることもしばしば。今思い返しても恥ずかしい！　さらに、母の2度目の離婚も重なったことから、中学1年生にして反抗期が始まり……完全なる黒歴史です。

結局、先生と対立したこともあり、バレーボール部は中学2年で退部しました。本当に、今思い返してもこの頃の私って生意気。でも、そのあとが大変だったんです。帰宅部が禁止の学校ではなかったのですが、なぜか「テニス部かバスケ部に所属するか、野球部のマネージャーになれ」って先生から言われて。今思うと、「アイツを野放しにしてはいけない！」って先生たちに思われていたんでしょうね。結局、兄も野球部ＯＢでしたし、テニス部とバスケ部に比べて楽なんじゃないかっていう思惑もあり、私は野球部のマネージャーを選びました。友達とも一緒だったんで、「何するんだろうね？」なんて呑気に話していたら、マネージャーとは名ばかり。今度は部員と一緒に走らされる毎日が始まりました。「ちょっと想像していたのと違う」と思いながらも、なんだかんだ先生たちの思惑通りにことが進んでいて。

どんなに生意気なことを言っていても、そこは中学生。やっぱり大人の掌の上で転がされていた感は否めませんが、それはそれでよかったんじゃないかなって思います。

幼少期から多感な時期まで、なかなか複雑な環境下にいた私。でもそのおかげで自然と逞《たくま》しさが養われ、それがのちに「浮気をされても乗り越えられる」バイタリティに繋がっているのかもしれません。母が離婚を2回経験したこともあり、離婚についての引き出しは多いほうだと思います。離婚したらどうなるか、離婚だけですむ問題、すまない問題がある。母が私に見せてくれたそんな生きざまが今の私の根底にあります。ちょっとカッコよく言っちゃってますけど、要はとてもすぐ近くに反面教師がいたってことです。結婚というものに対しては、控え目に言っても拗《こじ》れている母でしたから。

でもそんな母は母で、浮気性だった祖父で苦労した祖母を間近で見ているんです。母は、浮気をされて喧嘩になりながらも我慢している祖母を見て育ったので、「自分は我慢せずに離婚しよう！」と思ったんでしょうね。もしかしたら私は祖母の性格を受け継いでいるのかもしれません。

もちろん、私はパパに浮気サレて悔しかったし、「別れよう！」って何度も思いました。でもいつも踏みとどまっちゃう。こんな家庭環境だったから、幼い頃から〝平凡な家族〟に憧れがあったんです。お父さん、お母さんがいて、お休みの日には家族みんなで遊びに行く。そんな姿に強い憧れを持っていたから、何度浮気サレても「離婚」に踏み切れなかったのかな……「それは最終手段だぞ」って。ただ、それを最終手段って決めつけちゃってる私も、もしかしたら若干拗らせているのかもしれません。

私、芸能人になります！

それは中学2年頃のことでした。それまで続けていたバレーボール部を辞め、野球部のマネージャーをやりつつも、やっぱりちょっと暇になっていたんだと思います。いろんなことを考える時間が生まれたというか。そんな中、私が興味を持ったのは芸能界という華やかな世界でした。

オーディション雑誌を買っては、読みあさっていました。当時、使い切りカメラで、友達に写真を撮ってもらったりもして。でもいい結果は得られず。そんな生易しい世界じゃないんだなって思った矢先、登場したのが2番目の父でした。

当時は相変わらず、くっついたり離れたりをしていた母と2番目の父。とある日、2番目の父にふと「芸能人になりたいんだよね」と漏らしたのがキッカケでした。反抗期真っ盛りで母たちの関係に辟易《へきえき》しながらも、自分の夢だったから藁《わら》にも縋《すが》りたい思いだったのかもしれません。なんと、2番目の父から「テレビ東京のプロデューサーが知り合いにいるから会ってみるか？」なんて言われて。あんなに嫌悪感を抱いていた2番目の父に後光が差しているかのように感じました。本当、現金なもんです。

あれよあれよという間に、テレビ東京のプロデューサーに会うべく、東京へ出かけることになった私。プロデューサーとしか聞かされていなかったその方は、『ヤンヤン歌うスタジオ』という当時の大ヒット番組を手掛けていた大物プロデューサーの沼部俊夫さんだったんです。無知って本当に怖い。ただの〝優しいおじさん〟くらいの感覚で会っていた方が、そんな大物だったなんて。

そのあとも呼ばれるままテレビ東京に遊びに行っていた私は、『少女雑貨専門TV エクボ堂』という番組のオーディションに参加することになりました。オーディションというか、もはや面接みたいな雰囲気でしたが、「じゃあ来週から番組にきてね」と言われて、あっという間に出演が決定。事務所に所属してない私は、芸能界の裏口入学を果たしました。

番組への出演が決まったあと、俳優の風間トオルさんと沖縄でスポーツロケをするコーナーへのオーディションがさらに追加されました。その際の競技がなんと、ビーチバレー。当時のテレビ東京の裏手にあった公園みたいなところで、実際にバレーボールをやってみせるオーディションだったのですが、経験者が私だけだったみたいで。すんなり合格することができました。内心では、バレーボールをやっていた自分を褒めまくりです。でも飛行機にすら乗ったことがなかった私は、沖縄行きと聞いて「パスポートいりますか?」というトンチンカンな発言をしてしまい……。かなり恥をかきましたが、そこはまだ中学生だったわけですし、仕方ないですよね。

素人ながらも毎週収録に参加させてもらい、週末は『エクボ堂』のイベントでアイドルみたいな活動もして。そんな最中、プロデューサーからの紹介もあり芸能事務所に所属することになりました。ついに本格的に芸能活動をスタートさせてもらえることになったのです。

ちなみに事務所に所属するにあたり、母にも相談したのですが、母は私の背中を押すように「自分の好きなことをやりなさい」と言ってくれました。事務所に所属させてもらってからは「あなたは女優として頑張りなさい」と社長に言われ、母の旧姓をもらって〝鎌江愛〟として演技のお仕事が始まりました。

それから高校を卒業するまでは、学校と芸能界の両立、さらには茅ヶ崎と東京を往復する毎日が続きます。公立の高校へと進学したのですが、当時の担任の先生には大変お世話になりました。私の夢を全力で応援してくれる一方で、学校もちゃんと卒業できるようにと考えていてくれた先生。私の単位を計算しながらヒヤヒヤしてしまうこともあったかと思います。ほかにも、仕事のせいで単位がギリギリだったのですが、「洗車手伝ったら、今日の単位にしてやる」とか言ってくれる先生もいて。今じゃ考えられないですよね。そんな周囲の応援もあり、高校を卒業するまでは二足のワラジでなんとか乗り切ることができました。

芸能界って、眩しくてなんだか夢のような世界だなって思っていたんです。複雑な家庭環境から自分の妄想の世界へ飛び込んだような感覚だったんでしょうね。でも今振り返ってみると、その家庭環境に助けられていたのかもしれません。2番目の父がキッカケをくれて、さらに実母に反対されることなく芸能界に入れているんですから。

そして、ある現場で私は今の夫でもある原田龍二に出会いました。

原田龍二との出会いと告白(?)

彼と初めて会ったのは、テレビ朝日で放送されていた『ミュージックステーション』内の「ジャストフィット家の人々」というミニドラマの撮影現場でした。その頃の私は19歳。当時のパパにとってはこれがほぼ初めての現場でした。

原田龍二の第一印象は、顔はカッコいいけどなんか変な人。これまで愛想がいい人にしか会ったことがなかった芸能生活の中で、無愛想だし本番前に姿をくらまして現場に迷惑をかけることもあって、本当にマイペースな人だと思いました。今の原田龍二をご存知の方は言わずもがなかもしれませんが、夫は当時から変わり者です。内心では、あまり近寄らないでおこうという気持ちでしたので、ドラマ『キライじゃないぜ』での再共演がキッカケで彼と付き合うとは、想像もしておらず……。

ある時、『キライじゃないぜ』の撮影の合間でたまたま1人だった私はイヤフォンで音楽を聴いていました。すると突然、彼が私の耳からイヤフォンを外して「何を聴いてるの?」と話しかけてきたんです。その頃の私はレゲエにハマっていたのですが、なんと彼もレゲエ好きで。そこからは音楽の話で徐々に仲良くなりました。自分のオススメの曲をカセットテープに編集して、渡してくれることもあって。どちらからともなく一緒にいるようになりました。カセットテープ、時代を感じますがいい思い出です。

卒業後は「このお仕事一本で頑張っていかなきゃいけない」という意識だったので、彼氏はいませんでした。電話番号を交換したあと、一緒に遊んでいるうちに彼のことが気になり出していたのは事実ですが、お付き合いしようなんて気持ちにはならずでした。当時の彼からしたら「なんでこの子は、これだけずっと一緒にいるのに気持ちを伝えてこないんだろう」という感じだったんでしょうね。これは私の想像ですけど。

ある日、自宅に突然一本の電話がかかってきました。それはまさかの原田龍二からで、突然「君は僕の彼女っていう自覚はあるわけ?」と言われて。私からしてみたら「え? どういうこと?」ってはてなマークだらけだし、「そんな自覚はありません」ってお答えしました。

当時、彼とは緑山スタジオで撮影することが多かったのですが、共演者のみんなでご飯を食べに行ってもなぜか私と彼がセットで行動することが自然になっていたんですよね。一緒に遊んだりもしていたので、たしかに彼女のような雰囲気はあったでしょうし、周囲からも「あの2人は付き合っている」と思われていたんだとは思います。私も共演者の方から「原田くんって愛ちゃんのこと好きだよね」と言われることもありましたし。でも、「言わなくてもわかるよね」なんてものは求めないでいただきたいというのが本音でした。

結局、その電話で「僕の彼女だって自覚してもらえる?」って言われて、そこから私たちの付き合いが始まりました。私が思うに、振り向かなかった私が珍しかったのか、痺れを切らした感じでそんな言い方になってしまったのかもしれません。

それにしても、22歳だった当時のパパ、ちょっと生意気ですよね(笑)。でもそこからスタートしたお付き合いが、まさか30年も続くなんて! 人生って本当に不思議。

第一印象はあまりよくありませんでしたが、話していくうちに「この人意外と面白い」という発見の連続で。行動然り、発言然り、考え方然り、そのギャップにやられてしまった私は、どんどん原田龍二ワールドにハマっていくことになるのです。まさに、沼。原田沼がそこにありました。

ただ、ひとつだけ誤算(?)が。付き合い出してすぐ、彼は「自分の世界を見せるのが楽しみだ!」と、よく言っていたんです。私も彼のどんな友達や仲間たちを紹介してもらえるのかとワクワクしていました。でも、待てど暮らせど紹介されない。いっこうに広がらない、原田龍二の世界。それは私の勝手な勘違いで、「自分の世界」とはその通り、本当に彼のパーソナルな世界のことだったんですよね。それに関しては、ある意味今でも見せ続けてもらっているので、約束は果たされたということなのでしょうか。

不安だった交際期間

私たち、お付き合いを始めてから結婚するまでに約10年かかっています。もちろんその中で不安がなかったかといえば……正直、毎日不安でした。

お付き合いを始めてすぐの頃、彼から「結婚しよう」と言われたんです。今でもそうかもしれませんが、当時の芸能界は今以上に恋愛はタブー。事務所からも、恋愛沙汰でスポンサーさんやスタッフさん、ファンのみなさんに迷惑をかけることをしてはいけないと口酸っぱく言われていたもので。まあ、当たり前ですよね。

当時の私は本格的に活動を始めていたこともあり、仕事で怒られることが多く。仕事は好きだけどストレスは溜まっていく、そんな毎日を送っていました。「自室にいても誰かに見られていると思ってすごしなさい」なんてことを言われて、あの頃の私はパンク寸前。そんな時に彼に仕事の相談をしたら、「そんな状態はおかしいよ」って言ってくれたんです。私の心の中にその言葉がストンと落ちてきて、気が楽になりました。そんな楽な道は選んじゃいけないって言われそうですが、彼からは結婚の話も出ていたので「だったら芸能界を辞めて、彼と結婚しよう」って思ってしまったんです。

これが「結婚するする詐欺」の始まりです。10年かかりましたが結婚はしたので、正確にいうと詐欺じゃないんですけどね。あっさり芸能界を辞めてしまった私は、そこから彼との半同棲生活をスタートさせました。

それからは、喫茶店のウエイトレスなどアルバイトをしながら家事をする毎日です。彼が主演を務めていた『南町奉行事件帖 怒れ！求馬』の撮影期間中は、京都で一緒に暮らしていたこともあります。もちろん、彼はインタビューの取材などで彼女の存在は否定していましたが、街中でも普通に手を繋いで歩いてたんですよね、私たち。でも、周囲の友達からは「カップルオーラがない」と言われ、挙げ句の果てに兄妹に間違われることもあり……。さらに、当時はなぜか週刊誌に撮られることもなく。まさか彼が週刊誌に撮られる日がくるなんて思ってもみなかったくらい、堂々としたものでした。

ちなみに、彼のお義母さんは、それはそれは厳しい方です。その厳しさの裏には、このあと述べる私の〝第一印象最悪事件〟というものがあったのですが、言い訳をさせていただくと半分は彼の責任でもあるんですよ。

まだ私が茅ヶ崎に住んでいて、彼が埼玉に住んでいた頃のことでした。夜遅くなってしまい、彼の「うちの親は何も言わないから大丈夫」という言葉に唆《そそのか》されて、埼玉のご実家にお邪魔することに。19歳だった私は夜に伺うことを少し不安に思いながらも、彼の言葉を信じちゃったんですよね。「おじゃまします」と玄関から入ると、奥の部屋のドアが突然開いたんです。お義母さんがピョコって顔を出して、一瞬こちらを見たんですけど何も言わずにバタッてドアを閉められてしまって。「本当に、何も言わないけど大丈夫⁉」って、もう内心パニックです。やっぱり彼のお義母さんには嫌われたくないし、でも「初めまして」を言う隙もなく……。

お義母さんは夫と、その弟で〝やっちゃん〟こと俳優の本宮泰風《もとみややすかぜ》の2人をとても愛しています。当時は、怖いお義母さんという感じでしたが、私も息子を産んで少しお義母さんの気持ちがわかりました。たしかに、息子が夜中に女の子を連れてきたらあんまりいい気持ちにはならないですよね。母親にとって、子供はいくつになっても子供。そんな当たり前のことに気付かされ、やっちゃんと結婚した〝アッコさん〟こと松本明子さんと一緒にヒーヒー言いながら、お義母さんにお料理や家事のイロハを叩き込んでもらい……。お義母さんには頭が上がりません。

当時、彼の実家で暮らしていたやっちゃん夫婦に子供が生まれてからは、私もその子に会いに彼の実家に遊びに行くことが増えました。お義母さんにとってもかわいい孫なので、目尻が下がりっぱなしです。やっちゃんちとの繋がりもあって、この頃からお義母さんと打ち解けてきたのかななんて感じています。

言葉だけでなんの確証もないまま約10年をすごすって大変でしたよ。もうお付き合いの後半は専業主婦って感じでしたし。だから、彼の実家で私という存在が認識されていたり、私の母と彼も交流があったりと、結婚したら当たり前になる家族の付き合いが、当時の私の心の支えになっていたのかもしれません。

1枚目のイエローカード！（浮気その1）

世間で俗にいう、「3年目の浮気」というやつです。浮気サレ初心者の私が体験した、初めての浮気発覚が、まさかの〝鉢合わせ未遂〟でした。……やっぱり3年目って、魔が差すんでしょうか。

この頃の私たちは半同棲状態でした。あの事件が起こる何日か前から、「茅ヶ崎に里帰りしないの？」と彼が言い出したんです。あまりにも繰り返すものだから、私も「何かおかしいな」と思いつつも「じゃあ、ちょっと遊びに行ってくるね」なんて出掛けてしまって。もうこの時点でわかりやすいですよね。

実際に茅ヶ崎に帰ったものの、私の中で「やっぱりおかしい」という警報が鳴り続けていたんです。だから、夜中だったんですけど何も言わずに車で帰宅。鍵を開けていざ中に入ろうとしたら、まさかのチェーンロックが掛かっていて。でも、ここまではまだよかったんです。中にいるのであれば、チェーンロックを掛けることもあるでしょうし……。ただ、見つけちゃったんですよね。ドアの隙間から見える女物の靴を。実際に、ドラマに出演経験もあった私ですが、結構冷静に思いました。「ドラマみたい」って。

そこからは「開けて」「ちょっと待って」の押し問答です。当時住んでいたマンションなんてそんなに広い間取りでもなかったから、どんなに時間がかかっても15秒もあれば開けられます。でも、ドアは開かないんです。その「ちょっと待って」が結局朝までかかり……。最終的にドアが開いて彼の顔を見た瞬間、思い切り平手打ちしていました。私もよっぽど頭に血が上っていたんだと思います。結構、いいアタックをかましてしまったらしく、あとから「耳鳴りがした」と言われました。仕方ないですよね、元バレーボール部のアタッカーですから。

全面降伏した彼は、女性の存在を認めた上で、その女の子を帰すから外で待っていてくれないかとお願いしてきました。私もその浮気相手と顔をあわせるのは嫌だったので、言うことに従いました。


そして始まった2人での話し合い。

一睡もしていなかったこともあり、私はヒートアップするばかりで。「どういうこと？」から始まり、「裏切られるなんて信じられない」「もう別れましょう」とか、そんなことばかりを言っていました。彼は自分が浮気したにもかかわらず、「別れたくない」の一点張り。「ごめんなさい」「もうしません」という謝罪の言葉に対し、彼の信用度が地に落ちた私は

「信じられない」としか言えず。結局、その時の話は平行線のままでした。

何がすごいって、彼は付き合った当初からその浮気がバレるその日まで、絶えず「好きだよ」と伝え続けてくれていました。だから私も「まさか！」という気持ちで。これはあとからわかったことですけど、その浮気相手は友達の友達だったそうです。なんとまあ、近場に手を出したことか。私自身はその女性を知らなかったんですけど、彼女にも彼氏がいて、結局お互い本気じゃなかったという事実だけはわかりました。

3年目って、マンネリ化してくる時期なんでしょうね。一緒にいるのが当たり前で、好きだけど少し退屈だねって雰囲気は、当時の私たちの間にもたしかにありましたから。でも、結局私は、彼のことが好きだったんだと思います。最終的に、別れを選ばずに静観という形で決着してしまって。許したわけじゃないんですけどね。

この時のことでひとつ反省すべき点は、私が彼を叩いちゃったことかもしれません。夫がテレビ番組で「昔、浮気した時に叩かれて、耳鳴りがしたくらい痛かった」って言っていました。あとにも先にも叩いたのはこの1回だけでしたが、まさかテレビで言われるなんて思ってもみませんでした。今では、イラッとした時に「すね毛を引っこ抜いてやろうかな」くらいは思っていますが、もう叩くことはないと思います。

別れる？　別れない？（浮気その1後日談）

浮気サレて、ふと母の「女でも仕事は持っていたほうがいい」という言葉を思い出したんです。昔の人にしては珍しい考え方だったと思いますが、そこは流石《さすが》ですよね。手に職を持つというのは簡単じゃないけど、たしかに仕事があったほうが別れるにしろ、別れないにしろ、決断の幅は広がるな、と。

彼の浮気がキッカケとなり、私は芸能活動を再開することにしました。引退前に所属していた事務所の社長に頭を下げ、22歳で芸能界復帰。私にはそれしかありませんでしたから。まだ浮気のことでモヤモヤしていたので、「私、芸能界復帰するから」とだけ告げて相談することもありませんでした。

でも、やっぱり精神的に向き合いきれず、わずか1年足らずで再び辞めることになってしまい……。変なところで私が頑固なのか、中途半端な気持ちじゃやっぱりダメだって思ってしまったんです。辞めると告げた時に、事務所の社長から「二度あることは、三度ある。また戻ってくるかもよ」と言われたのですが、今でも当時のことはよく覚えています。まさか、本当に三度目があるなんて思ってもみなかったです。今は子供たちも大きくなり、私自身、精神的にも安定したので、こういう形にはなりましたが、無事この世界に戻ってくることになりました。私は器用じゃないから、仕事も恋愛もとか、いろんなことをいっぺんにはできないんです。子育てが落ち着いて、ペース配分を調節できる今くらいがちょうどいい。

浮気の決着はある日突然やってきました。浮気発覚後、彼からの思いやりが感じられないことが原因で喧嘩が絶えなかった最中、私が家を飛び出したことがあったんです。「大事にしてもらえないならもう別れたほうがいい」と思い、私から「別れよう」と言って。車に乗って茅ヶ崎に帰ったんですけど、運転している途中で「あれ、これ彼の車だ」って思って。その時に気付いたんですよ。なんだかんだ言いながらも、私には別れる気がないって。「別れる」という言葉が一種の脅し文句のようになっていただけで、サラサラ本気じゃなかったんでしょうね。彼から「別れたくない」と言ってもらうことで、安心したかったのかもしれません。

でもこの喧嘩の最中、一度だけ彼が「別れよう」と言ったことがありました。「こんなに喧嘩が絶えないんだったら、別れたほうがいいんじゃない?」と言われてしまって。結局別れることはなかったんですけど、もしかしたらこの30年の中で、あの時が私たちの未来を決定付ける分岐点だったのかもしれません。

この本を出すことになり、この言葉の意図を夫に確認したら、「え、俺そんなこと言ったっけ?」って。「言ってないよ」って、全然覚えていないんですよ。もう嫌になっちゃった。こういうことを覚えているのって、女性のほうだけなのでしょうか？　なんだか微妙な気持ちになりつつも、パパの中で覚えていないなら「まあいっか」くらいに思う私もいて。そういうところが似た者夫婦なのかもしれません。

彼との痴話喧嘩の果てに私が迷走したというだけの後日談なのですが、この時の経験があったからこそ、浮気の決着を付けないまま何かに逃げてしまっても、何も生まれないということを学びました。まさに、中途半端。薄々感じてはいましたが、改めて振り返ってみてようやく気付けたことなんです。

自分の気持ちに正直に向き合わなきゃ何も前に進まないし、何か別のことに逃げてもダメ。浮気サレた事実と向き合うことってすごく疲れるし、本当に嫌な作業だけど、ちゃんと自分の気持ちに気付いてあげないと、〝浮気サレた〟という足枷《あしかせ》は外れないんです。

浮気サレ初心者には随分なハードステージでしたが、叩いたり罵《のの》ったり、仕事に逃げたり。でもふとしたキッカケで自分の気持ちに気付けた私は、無事（？）この難局を乗り越えることができました。あ、でも許したとは言ってませんのであしからず。

第2章

交際期間10年を経て
やっと結婚、したのに……

結婚は人生の墓場じゃない……はず！

お付き合いをはじめて10年目。あれよあれよとすぎていく日々に流されながら、お正月の挨拶に2人で私の実家へ行った時のことです。それまで私を温かく見守ってくれて（放置じゃないですよ）いた母が、「もうどうにもならないなら帰ってきなさい」と突然言い出しました。ずるずるとしている私たち、もとい彼に対して「そろそろ……」という気持ちだったんでしょうね。あまりそういうことを言う人じゃないので、それはそれは驚きつつも、母親からの愛情を感じた瞬間でもありました。

しかも、彼へも「もう結婚しないなら、愛を茅ヶ崎へ帰してくれる？」って言ったみたいで。このひと言で彼もようやく重い腰を上げたというか……。ついに「今年、結婚する！」という宣言が発令されました。

それから、待つこと約1年。入籍した日はなんと12月25日。

……たしかに今年だけどさ、いくらなんでも約1年も待たなくても。雰囲気に流されながら年末まできちゃいましたけど、約束は約束ですからね。やっと入籍にこぎつけた私たち。私たちに結婚式願望がなかった上に、彼は俳優だし、あまり目立つこともなあなんて考えていたら、事務所のご厚意で写真撮影だけしていただけることに！　何もするつもりがなかったので、とてもいい思い出になりました。

思い返してみれば、結婚するまでの約10年はずっと不安でした。華の20代、もっといろんな経験ができたのかもしれないと考えなかったわけじゃありません。彼からの「結婚しよう」の言葉を若気の至りで信じて、そのあとは口ばかりだし。しかも浮気はするし。もう結婚詐欺の典型かと思いました。好きって気持ちだけで乗り切ってきた感じです。

そして始まった結婚生活。私の存在が公になった瞬間でもありました。日陰にいたとは思っていませんが、やっぱり堂々とできるのは気持ちがどこか軽くなります。結婚してよく「旦那さんのキスシーンとか嫌じゃない？」って聞かれるんですけど、私も芸能界にいた経験があるので、夫のキスシーンや演技で抱擁している姿は気になりません。そういった意味では、順調な滑り出しだったと思います。

このご時勢、急に働けなくなったり、仕事がなくなったりという状況が身近にありますが、それにもある意味慣れていて。俳優に限らず、芸能人はいつ仕事がなくなるかわからない職業ですからね。たまに、「もしもの場合はなんのパートをしようかな？」なんて考えたりして。そういったメンタルの強さは兼ね備えているほうだと思うので、芸能人に嫁ぐ向き不向きでいえば、私は向いているほうなのかもしれません。

こうして、私が子供時代から憧れていた〝理想の家庭〟がスタートしました。母の離婚で、自分は不幸だと思った時期もありました。友達が話しているおうちが羨ましいと思ったことなんて、一度や二度じゃありません。芸能界に入ってからは、芸能人でいたら憧れの結婚なんてできないかもしれないって不安になったこともあったし。「結婚は人生の墓場」なんて言葉は信じたくなかったんです。結婚に希望を持っていたかった。……私の求めていたものは、家族一緒に平凡で変わらない日々をすごせる〝家庭〟だったんです。

私たちは結婚式も挙げず、結婚指輪も買わず、婚姻届を出しただけ。同棲の延長みたいな形になっちゃいましたけど、でもこの時私はたしかに思っていました。「結婚って幸せなんだな」って。厳しくも優しいお義母さん、いつも笑わせてくれるお義父さん、そしてやっちゃんとアッコさん夫婦。結婚に至るまでには随分と時間がかかりましたが、こんなにも素敵な家族に出会えて大満足です。

彼女から妻へとステップアップして、ちょっとだけ浮かれていた新婚時代。まさか、まさか、このあとすぐに夫の悪い癖が出てくるなんて想像もしていません。だって、3年目の浮気のあとに言ってましたから。「もうしません」って。

人間・原田龍二

浮気話の前に、普段の夫がどんな人かというのをちょっと紹介したいなと思います。

我が家は、パパ、私、長男の一徹、長女のさくらの4人家族です。夫は簡単にいうと、一番手のかかる〝長《ちょう》〟長男です。例えば、お料理をする時に息子は買い物から全部1人でやるけど、夫は材料を用意してあげないと作れないみたいな。よく言えば子供のように無邪気な人。悪く言えばただの子供。

駄菓子が大好きで、自分で買ってきたお菓子をソファで幸せそうに食べる毎日をすごしています。あと、現金を持ち歩かない。私からしたら万が一の時のために、現金は持っていてほしいんですけど、今は大抵のところでカードが使えますからね。コンビニでよく駄菓子を買ってくるんですけど、1回ごとの出費はそうでもなくても、塵も積もればなんとやら。多分、みなさんが思っている以上に我が家の駄菓子エンゲル係数は高めです。

夫は出会った頃からちっとも変わっていません。20代の頃も、50代に突入した今も。もっと言ってしまえば、子供が産まれて父親になってからも。自分のペースを曲げない人。まだ子供たちが小さかった頃は、私も「もっと父親らしくして!」って思うことも多々あったんですけど、パパはパパなりに愛情を持って子供たちと接していたんですよね。目線が子供たちと一緒だから遊ぶのもすごく上手で、それは私には真似できないなって。はたから見たら3人で楽しそうに遊んでいるようにしか見えなくても、子供たちが楽しそうだからいいかってなっちゃう。不思議な魅力を持った人です。

ママ友や知り合いにサインを頼まれることもあるんですけど、そういうのはとっても嬉しいみたいで。たまに近所の子がピンポーンってチャイムを鳴らして、「サインください」って言いにくることもあって。すごく楽しそうに応じていますよ。家の前が公園だから、原田龍二の家だってバレてるんですよね。『週刊文春』さんも知ってたくらいですし。

あとパパと娘はよく似ています。2人共ふざけるのが大好きで、写真を撮る時に仲良く変顔することもあるんですよ。月並みかもしれないけど、娘が産まれた時は「お嫁にはやらない！」って言っていました。でも、娘に彼氏ができたらそれはそれで、その彼氏とは仲良くしたいって願望はあるみたいです。

そんな子煩悩な一面がある一方で、自分の1人の時間は絶対に確保したい人です。

構ってあげないとダメだけど、逆に構いすぎてもダメ。1人の時間は絶対に必要な人なんです。たまに私も読み間違えるんですよね。あとになって「あ、1人がよかったんだ」って思うことも少なくありません。30年一緒にいても、その部分だけはまだまだ摑めなくて。誰

『原田龍一のトリセツ』を書いてくれないかな、なんて思ったり。ちなみに、夫には黒川伊保子さんの『妻のトリセツ』を読んでもらったことがあったんですけど、全然響かなかったのが残念です。でも、線を引きながら一生懸命読んでくれていたので、まあいいか。

私、この本を書くことで改めて気付いたことがあるんです。夫は私の話をいつも右から左に聞き流してるんですよ。瞬時に答えが出ないような話の時は「考えとく」って言ったきり、その考えが出てこない。最近までそれがちょっと不満だったんですけど、なんだかんだ話は聞いてくれるし、結局話したことで私はスッキリしてるから、すごくいいバランスなんじゃないかって。

女性のあるあるだってよく言いますけど、私は結局話したいだけなんですよね。聞き流していたとしても、一応は頷きながら聞いてくれて、結果私がスッキリしているからすごいなって。もしかしたら夫にその自覚はないかもしれないけど。なんだかんだ優しい人だなって思います。

もうひとつ。これは彼の事務所の社長で、マネージャーを務めてくれている森卓一さん、通称・森ママから聞いた話。「もし俺が俳優の仕事ができなくなったとしても、どんな仕事でもして家族だけは絶対に食わしていく!」って語っていたことがあったみたいで。恥ずかしさから「パパ、カッコいい〜！」なんて、森ママに軽口叩いちゃいましたけど、本当はとても嬉しかったです。

きっと私は、彼の男らしいところに惚れてるんです。私がそういう部分を知ったのは、ドキュメンタリー番組で見せた野性味溢れる原田龍二を見て。もしも私たち家族がジャングルの中に放り出されても、「パパと一緒なら大丈夫！」という頼もしさを感じました。

イエローカード、2枚目!!（浮気その2）

夫が現金を持ち歩かない人だということを紹介しましたが、それが原因で2回目のアウトが発覚しました。

子供たちがまだ小さかった頃のことでした。子供2人との生活は毎日がてんやわんやで、尋常じゃない体力と気力を消耗していた時、母が亡くなったという報せが入りました。この頃の母は、祖父母と伊豆高原で暮らしていたのですが、お風呂場で倒れ、そのまま亡くなってしまい……。診断は脳梗塞ということでしたが、母との突然の別れに私は茫然自失。それでも毎日の生活って普通にすぎていくんですよね。母の葬儀を終え、ようやく日常が戻ってきた、そんな頃のことでした。

なんか怪しいんですよ、夫の行動が。まず帰りの時間を誤魔化しているんですよね、なんとなくでしたが。さらに、「嘘ついてる?」っていう雰囲気がプンプンするんです。そうすると私も色々と探っちゃいます、だって怪しいんだもの。

我が家は夫の仕事柄、1年間の領収書を税理士さんにお渡しして確定申告を行うのですが、その仕分け作業は私の担当です。いつも1～2ヵ月分をまとめてやるのですが、その領収書の束を整理していると、その中に1枚のレシートが紛れていたんです。なんとなくピンとくるものがあり、詳細を見てみることに。

日付を見ると彼がお仕事と言って泊まりで出かけていた日。人数2人。夕食の時間帯で、明細欄には「グラスワイン×2」。二度見しました、「ワイン飲んでる」って。はい、アウトです。でもこれだけじゃ……と思う方もいらっしゃるかもしれませんが、まず彼はお仕事関係の方とあまりお食事には行きません。「もっと行ったほうがいいよ」と発破をかけても、本人にその気なし。そしてワイン。夫は下戸《げこ》なんです。ごくたまにビールを飲むことがあるのですが、飲んでもグラス1杯。体質的にあわないらしく、飲み会の席は嫌いじゃないけどソフトドリンクで十分なタイプなんです。

決定打は、そのお店の場所でした。その頃、ETCカードの履歴を見ながら気になっていた場所があって。仕事先とは考えにくい場所でよく、高速を乗り降りしてたんです。最初は「ん?」程度だったのですが、一旦気になり出したらもうモヤモヤが止まらない。

もちろんETCカード履歴を見て怪しいと思った時点で、問い詰めましたよ。でもなんだかんだうまい具合にはぐらかされるし、言い訳番長が出てくるし。私もバカだから、その時は「そうなんだ……」とスッキリしないまま話が終わってしまって。

当時は子供2人の面倒に加え、母が亡くなったあとだったということもあり、そこまで追及するパワーがありませんでした。

これは私の想像ですが、浮気相手とのデートでもらったレシートをそのまま領収書の束に入れちゃったんでしょうね。しかもそれをそのまま私に渡してくるって。正直、「バカだな……」という感想しか出てこなかったです。ちなみに、森ママと2人という可能性はありません。森ママはかなりの大酒飲みなので、ワインをグラスで頼むなんてチマチマしたことはしませんから。頼むなら間違いなくボトルです。

でもこれだけじゃまだ言い逃れされる可能性があったので、いけないと思いつつも、スマホをコッソリ見てしまいました。パパ、スマホに関してはノーロックなんです。自分の番号はいいかもしれないけど、「ほかの方たちの電話番号とかも入ってるんだから、万が一のことを考えて」っていつも言ってるんですけどね。何度言っても本人にロックを掛ける気なし。だからまあスマホは見放題なんですけど。当時の浮気相手は、名前を変えて登録をしていたのか、なんか怪しい人はいたけど、スマホのデータからは確証を得られず。

とりあえずレシートから尻尾は摑んだので、それを見せながら夫に2回目の事情聴取を行いました。限りなく黒に近いのに、まだシラを切る。そりゃそうですよね、彼だって前科があるんだから、そう易々とは認められないはず。言い訳番長再び登場です。

不甲斐ない私はまたしても言いくるめられ、「そうか、違うのか……」と退散することになりました。でも私が怪しいと思っていることは十分伝わっているはず。それからはなんだかんだと、平穏な日々がすぎていきました。

しばらくして、私は思わぬところから物的証拠を得ることになったんです。ある日、夫の部屋を掃除していたら、何やら怪しさ120%の手紙が出てきたんです。私の浮気アンテナが反応しまくりだったので、手紙を開けて見ると、そこには「結婚したい」と書いてありました。そもそもパパは結婚してるし、子供もいるし、奥さん私だし。ツッコミどころが多すぎました。

この浮気発覚時の衝撃は今でも忘れられません。膝から崩れ落ちましたから。子育てに追われ、母が亡くなり……そんな時に「何やってんの？」と。もう私、前世で何か悪いことをしたんだろうなって思うくらいショックで。心身共にダメージがすごかったです。

こうして発覚した夫の2回目の浮気。手紙を前にした夫は、全面降伏です。そりゃそうですよね、物的証拠ですから。私は迷うことなく「もう離婚だ。離婚しよう」と告げました。私、てっきり離婚するんだと思ってたんです。だって、浮気相手からの手紙に「結婚したい」って書いてあったから。

でも、夫は謝罪の言葉を繰り返し言っていました。小さくなって「許してください、相手とも別れます」って。

正直「何言ってるの？」って気持ちでしたね。そこからは連日、子供たちが寝たあとに話し合い。子供たちの前ではいつものパパとママでいるように徹するのは本当に大変でした。俳優って職業が私生活でこんなに活かされるなんて。どんな経験がどんな時に役立つか、本当にわからないものですね。

離婚する？　離婚しない？（浮気その2後日談）

2回も浮気サレたのに。なぜ離婚をしなかったのか。簡単に結論をお話しすると、言いくるめられました。でもこの時、私は悟ったんです。夫は浮気するけど、離婚する気はないと。あんなに「離婚だ」って息巻いていた私を落ち着かせたのは……結局、夫なんですよね。

私がもう別れる気でいた頃、連日行われていた深夜の〝朝まで討論会〟。問い詰めてみたり、冷静に話し合ってみたりと、私の精神状態は不安定そのもの。そんな私に、文句も言わずに付き合ってくれました。まあ悪いのは夫ですけど。

どんなに仕事が忙しくても、どんな時間だろうと、私の話を聞いてくれる。そして一生懸命、誠実に答えようとしてくれている姿を見ていると、私の気持ちが段々と落ち着いてくるんです。話の最後は、「これからも一緒に頑張っていきたい」っていう方向にまとめ出す。気持ちが抑えきれなかった私にとことん付き合ってくれたこと、それは私たちが離婚を選ばなかった大きな要因のひとつです。

そして子供。子供たちはパパが大好きだし、やっぱり家族4人でいたい。私が憧れていた

〝平凡な家庭〟というものを壊したくないっていう気持ちもあったし。離婚することで、それまでの当たり前がなくなってしまうことも嫌だったんですよね。

この頃はインターネットで検索すればなんでも出てくる時代に突入していたので、ネットの住民と化していました。ネット検索といっても、私がしたのは「夫に浮気サレた時、ほかの人はどうしてるんだろう?」って掲示板を覗いてみたり、体験談を読んでみたりといった程度です。やってみて思ったんですけど、自分が落ち込んでいる時にあまりそういうものは見ないほうがいいですね。余計暗い気持ちになって終わりました。

ほかに私たち夫婦がこれからも共に歩む上で何が必要かと考え、カウンセリング窓口を探したりもしました。夫婦問題のカウンセリングブログなるものを発見して、相談者と先生のやりとりを見たりして。欧米のほうだとこういう問題があった時、専門家に相談しに行くことは割と普通だと知っていたので、日本でもそういうのがないのかしらと。でも日本では浮気自体がそもそも恥ずかしい行為だという認識からなのか、しっくりとくるものが見つからずに断念。色々調べてはみたものの、何も変わらず日にちだけがすぎていきました。

結局ネットからは何も得られるものがなかったので、2回目の浮気後は終始話し合いに徹しました。

でもこの時はまだ、1回目の浮気サレ体験で学んだ、〝自分の気持ちと向き合う〟という教訓が全く活かされていなかったんです。その話し合いにはしくじりがたくさんありました。頭に血が上っていた私は、とにかく手当たり次第に問い詰めていたと思います。「浮気相手とはどこで知り合ったの？」とか「いつから付き合ってるの？」とか。でもそうすると、彼だって正直に言えない部分があっただろうし、私だって勢いで聞いてしまったけど、そんな話聞きたくなかったってことも多く……。落ち着いて思い直してみたら、浮気サレたあとはそんな話し合いをしちゃいけないんですよね。嵐が去るのを待つかのように私に付き合い続けた夫。そして感情のまま問い詰め続けた私。私の気持ちは落ち着きましたが、この話し合いは正直傷口を広げただけでした。

自分がどうしたいか。相手がどうしたいか。本当に話し合うべきことは、その一点に尽きる。それがこの2回目の浮気サレ体験で学んだことでした。

正直、子供たちも私たちに何かあったことに全く気付いていなかったわけではないと思います。一見普通のパパとママだけど、「喧嘩してる？」くらいには思っていたと思います。夜な夜な繰り広げられる話し合い。ヒートアップして声を荒らげてしまった時には、子供たちが起きてきて、「どうしたの？」って。私は、「大丈夫だよ、ちょっと話し合いしててね」って真顔で言うことしかできませんでした。

そして2回目の「もうしません」という言葉を信じることにして、再び始まった日常生活。私も限界だったんだと思います。ある日、子供に愚痴りたくなっちゃって、ポロッと「パパとママが、あの頃に別れていたらな〜」なんてことを言っちゃったんです。そしたら息子がすごいショックを受けて、「そんなこと言うってことは、僕の存在を否定してるわけ？」って。すぐ反省して「ごめん、そういうんじゃない」って謝りました。でもそれで誤魔化すのもなんだか違う気がして、「パパと出会って、こんなにかわいい子たちに恵まれて幸せだよ。でも違うんだよ、ママにはパパがムカつく時だってあるんだよ」って。どっちが子供だかわからないですよね。ものすごく反省したできごとです。

そんなことがあって、落ち込んでいる自分がなんか勿体ないなって思いました。子供たちにとっても元気のないお母さんって、辛いだろうなって。だからもうこのことを考えるのはやめようって。浮気の話ももう終わったことだし、「次に浮気サレてもいいや」くらいの気持ちで開き直っちゃったんです。

そんな風に思ってると本当にあるんですよね。3度目が。

原田家の子育て

我が家の息子は大学1年生の19歳、娘は中学3年生の15歳。性格は、息子が私似で娘がパパ似です。親になって改めて思いましたが、我が子っていくつになっても本当にかわいいですよね。

息子は、物心ついてからずっと無邪気な感じです。一緒に買い物に行ったり、ご飯を食べに行ったりと優しい子。あと私の顔色をちゃんと読んでくれて、「ママ、今具合悪い？」とか「機嫌悪いでしょ？」とか、ドンピシャで当ててきます。パパでも気付かないのに、子供って親のことをよく見ていますよね。

小学2年生の頃から本格的に始めたサッカーでプロを目指して、今はアメリカの大学にサッカー留学中。私も夫もサッカーはできなかったので、サポーターに徹しています。自分で見つけた好きなことを伸ばしてあげたい一心だったのですが、それがよかったみたいで。私もバレーボールで経験しましたが、プレイできない人に何を言われてもって感じなんですよね。だから普段の生活面では口煩《くちうるさ》かったと思いますが、サッカーに関してはほとんど口を出しませんでした。その代わり、「もし続けていくつもりがあるなら、どういう進路を選べばいいのかは自分で考えなさい」って。息子にはサッカーがあって、素晴らしい指導者の方たちにも巡り会えて。そこで精神的にも鍛《きた》えてもらえたんだと思います。

パパも娘も私が何を言っても全然聞かないのに、息子に叱られるとなぜか響くんですよ。我が家の影の大黒柱は、多分息子です。私にとっては、とても頼もしい息子です。

一方で娘は我が道を行くタイプ。パパと一緒で、自分の世界にいるのが好きな子です。私もそうなんですけど、お兄ちゃんがいるからか、どこか性格が男勝りで。でもそのぶん、ハートがとても強く、息子とはまた違った意味での頼もしさを感じています。

女の子って産まれた時から女の子なんですよね。柔らかさも力の入り具合も男の子とは違って、ぽや〜っとした感じなのに慎重で冷静なところがあって。小さい頃に限っていえば、息子は直線ルートを見つけるととにかく爆走。京都の新京極商店街に行った時は、周りの人に謝りながら走り抜けました……。娘はそんなお兄ちゃんを見て育っているから、お転婆なところがあっても叱ることは少なかったです。叱られているお兄ちゃんを見て、「あ、これはやっちゃいけないこと」っていうのがわかっていたんでしょうね。

そんな娘も高校受験を控え、我が家は今、進路問題で絶賛悩み中。本人もまだやりたいことが定まっていないせいか、一体どうなることやら。将来の夢についても色々迷っているみたいです。パパは自分が大学を中退していることもあって、学校の成績に関しては何も言いません。大学に行きたいならそれでいいし、行きたくないならそうすればいい。でもパパも私も、これから娘が「本当にコレだ！」っていう夢を見つけた時は、全力で応援してあげたいなと思っています。

子育てで私がとても悩んでいたのがスマホ問題でした。特に、息子は周りの子よりもスマホデビューが少し遅かったんです。第一子特有のことかもしれませんが、やっぱり私もどこか慎重になってしまって。スマホに関する様々なニュースを見てしまうと、まだ早いんじゃないかって。でもサッカーチームの連絡網が基本的にＬＩＮＥでのやりとりだったから、それはそれでみんなに迷惑をかけてしまい。

私は、テストで何番以内と目標を決めて、それを達成できたら買ってあげるということにしました。そうしたら中学３年生で成績が上がり……。受験を控えた中でのスマホデビュー。もう、嬉しくて友達にＬＩＮＥをいっぱい送って迷惑をかけていないかヒヤヒヤでした。

子供がスマホを持ってくれていると、私たち親も連絡がとりやすくて便利なんですよね。息子でその恩恵を知ってしまった私たち。娘は女の子ということもあり、小学校６年生でスマホデビュー。もちろんフィルターはかけていますが、完全なる親の都合っていうやつです。

原田家のルール

原田家では、スキンシップを大事にしています。パパとは毎朝行ってらっしゃいのハグをするけど、子供たちは大きくなってからはめっきりで。今では「ハグさせて？」って聞かないとハグさせてくれなくて、それが少し寂しいです。「ママ、ウザい！」ってオーラも出てますし……。まあ子供なんてそんなもんですよね！

ただ留学中の息子に関しては、アメリカではハグが普通の挨拶というかコミュニケーションなので、「帰国した時はハグしてくれるかも」なんて、密かに期待しています。

そういった意味でも、我が家はコミュニケーションを密にとるほうかもしれません。連絡もこまめにとりあうし、会話も多いし。基本、パパと娘がふざけていることが多いんですけどね。

逆にあまりないのが夫婦喧嘩。もちろん些細な口論は日頃からありますけど、喧嘩にまでは発展しないというか。そういえば私たちってどんなことで喧嘩してるんだろうって考えたんですけど、浮気以外ではあまり喧嘩してません。

何はともあれ、喧嘩になりそうだなって思ったら、お互い顔を見ないように、自然と距離をとります。私は2階へ上がり、夫は外に行ったり自室にこもったり。気が付いた時には、そういうスタイルができあがっていたんですけど、これも私たちなりの夫婦円満の秘訣かもしれません。

我が家の日常風景に欠かせないものといえば、駄菓子です。うちは夫が大のお菓子好きで、駄菓子類は常にストックがある状態。仕事先でたまに箱いっぱいお菓子をもらってくることがあるんですけど、その時のパパの嬉しそうな顔っていったら……。もうニコニコしながらお菓子の箱を覗いては物色しています。子供たちのほうがお菓子は食べませんね。最近は娘が体型の気になるお年頃になり、文句を言うことが増えてきました。だってパパがソファで食べてると、私たちもついつい摘まんじゃうから。「パパ、お菓子買ってこないでって言ってるでしょ」とついこの間も怒ってました。アメリカにいる息子は「お菓子を食べなくなったら調子いいよ（笑）」とか言ってるし。

そんなお菓子大好きな夫はといえば、自分が運動をしているもんだからなぜか勝ち誇ったように「もう少し歩いたほうがいいんじゃない？」とか言うんです。食べた分は動く。当たり前のことだけど、私と娘は運動しないんですよね……。そんな私だから、いくら「不摂生だよ」って注意してもあんまり聞いてもらえなくて。以前、番組で血液検査をしてもらったら血がサラサラではないと言われたこともあるから、もう少し健康に気を遣ってもらいたいなって思うんですけどね。

日常生活に欠かせない話として、我が家の家計についても少し聞いてもらいたく。家計管理は基本私の担当です。夫は固定給ではないので、お給料が毎月変わるんです。だから食費や光熱費、通信費、日用品などはそれぞれこれくらいというのを決めてやりくりしています。スマホの家計簿アプリに打ち込むだけっていう緩さ……。お金の管理は正直言って、得意じゃないです。世の中の奥さまたちに、お金の管理方法を教えてもらいたいくらい。

ちなみに我が家はお小遣い制ではありません。カードを持っているので、駄菓子や洋服なんかは自分で買ってきて、私が明細を見て確認するというスタイルです。だから、ちょっとでも怪しい行動をすると色々バレちゃうんですよね。行動範囲は広くない人だから。

頑張って働いてくれているおかげで、私たちが暮らせているわけですが、さすがに文春砲のあとはお仕事が激減。当然のごとく、やりくりが厳しくなりました。1ヵ月分の生活費をおろして封筒に入れて、カードは引き落としのみという形に。

貯金は大切だなって痛感しています。

第3章

世間にバレた不倫騒動。
息子、娘は……
家族の再生

パパがなんか怪しいんです

原田龍二は嘘がつけないから、怪しくなってくるとすぐわかるんです。だから世間をお騒がせしてしまったあの時も、ニュースになるまでずっとモヤモヤしている状態でした。不信感の塊でしたね。それとなく聞いてみても、言い訳番長が登場するだけ。本音を言うと、面倒になってきていた部分はあったと思います。だって私がいくら取り調べても結果、原田龍二ワールドに引き込まれて言いくるめられちゃうだけですから。

……でも、携帯のいじり方がなんか怪しい。まず携帯をトイレに持ち込むようになり、夜中も誰かとコソコソ電話してるっぽいんですよ。もう怪しいオーラ出しまくり。決定的だったのは、自分のSNSのハッシュタグの付け方が変だったり、コメントのチョイスが気持ち悪かったりして。もう絶対におかしいじゃないですか。さすがに「子供もインスタ見てるんだからやめてよ！」って怒りました。せっかく素敵な写真を撮る才能があるのに、SNSの使い方が気持ち悪い。そんな使い方をしてるから認証バッジがもらえないんじゃないかって思ったんですよね。SNSの件に関しては、口論になることも少なくなかったです。

ハッキリとは覚えていませんが、私が夫の行動に怪しさを感じたのは報道が出る数ヵ月前からだったと思います。過去の経験則から、この段階で私はもう浮気を疑っていました。
これまでのことを振り返り、ここそこ証拠を探すのはやめようと決めていました。なので、怪しいなと思い始めた時に、正面切って「スマホ見せて」と言ったんです。そしたらあっさり「いいよ」って渡してくれて。「パパの場合、すぐに見せてくれるって、逆に怪しいかも」と思いながら見たら……。LINEのトーク履歴にアイコンは残っているのに、そのメッセージ内容が寂しいことになっていて。仕事関係者とのメッセージは多少残ってはいましたが、あとは綺麗さっぱり消えている人もいて。見られてまずいことがあるとしか思えませんでした。

でもそういうことをしていると、自分がどんどんブスになっていくような気持ちになるんです。時間も無駄だし。かといって、疑惑をそのままにはできないし。過去2回の浮気をその都度乗り越えてきたと思ってはいましたが、やっぱり一度根付いた不信感はどんなに月日が流れても消えないんです。

これから自分はどうしていくべきか。

そこからは1人で悶々と悩む日々でした。

そして私は「何もしない」という結論に達しました。過去の経験もあったし、自分から証拠を探すのはやめようって決めたんです。見つからなければそれでまた平穏な日常に戻るんじゃないかって。それに、夫は構われすぎるのが嫌いな人だから、放っておくことも大切なんじゃないかなって。私も放っておいたほうが、楽は楽ですからね。……なんて考えているうち、放っておきすぎたのかもしれません。

写真を撮られた日のことはよく覚えています。前の日からソワソワしていた夫に、「あれ、今日誰かと会うの？」と聞いたんです。その日は朝から丸1日、友近さんと一緒の撮影でしたから、続けて言ったんです。「もし、友近さんとご飯に行くなら教えてね」って。パパと友近さん、とても仲良しなんです。撮影でもないのに、京都の八坂神社で踊っていたこともあって。だから今となっては本当に申し訳ないのですが、一瞬思っちゃったんです。「あれ、パパ、友近さんとできちゃった？」って。友近さんにとっては、はた迷惑な話ですよね。その後の報道で、友近さんが全く関係ないことを知って安心しました。本当にごめんなさい。

突然そんなことを言い出した私に、「行かないよ、終わったら帰るよ」って答えてくれて。私も追及しないって決めていたので、それ以上は何も言えることがなく。「そっか」と言って、いつも通り夫を送り出しました。

彼のソワソワした態度が頭から消えず、その日は丸1日モヤモヤしていました。当時、金曜日のレギュラーMCを務めていた『5時に夢中！』の生放送を見ながらも募っていく不信感。家事も手につかないくらい不安な1日をすごしていました。

やがて、夫は普通に帰ってきました。私はてっきりもっと遅くなるんじゃないかと思っていたのですが、「ちょっと道が混んでいたらこれくらいだよね」という時間でした。でもやっぱり夫の態度は変だった。「ただいま」って帰ってきたはいいけど、私と目もあわせずにスーッと自分の部屋へと入っていっちゃって。「なんかおかしいな」とは思ったんですけど、「まあ帰ってきたからいいか」くらいの気持ちでした。

この時私が感じていた不信感の答え合わせができたのは、それからしばらくしてのこと。私がずっと憧れていて、ようやく手に入れてからはとても大切にしてきた日常。そんな日々に亀裂が入ったのは、パパから電話をもらった2019年5月26日。よく晴れた日曜日でした。

私がこれまでのように証拠を探して、もっと早い段階で浮気を突き止めていたら世間を騒がせることはなかったのかもしれないと思ったこともあります。でも過去の浮気サレ経験が私にそうはさせませんでした。

夫からの報告を受けて「あ、やっぱり私が抱えていた不信感は間違ってなかったんだ」と思ってしまったんです。一般的にはすごい衝撃かもしれませんが、私としてはこれでやっと、あのモヤモヤした不信感から解放される。世間的には、色々な方たちに迷惑をかけてしまうことだとわかっていても、そう思わずにはいられませんでした。

原田、アウト!!!(浮気その3)

その日はこれからやってくる夏に備えて、サングラスを見にパルコへとお出かけしていた私。10%オフの日だったんです。色々試着しながら、「どれがいいだろう」なんて呑気にすごしていた時に夫から着信がありました。どのサングラスにしようか迷っていた私は、パパにも相談できて「ラッキー」くらいのテンションでした。

夫は夫で、お買い物をしたいからルミネに行くと言っていて。洋服は自分で買ったものしか着ない人なんです。だから一緒にお買い物に行くことも多いのですが、この日はたまたま別行動でした。

気軽な感じで電話に出ると、第一声は謝罪の言葉でした。

「ごめんなさい、お願いだから今すぐ帰ってきてください」って。声がひっくり返っているというか、取り乱しているというか。ビックリした私は、もちろん理由を聞きましたが、返ってくるのは謝罪の言葉だけ。最初に思ったことは、交通事故を起こしたんじゃないかという心配でした。「浮気」という考えがチラつかなかったわけじゃありませんが、それにしては様子がおかしい、そんな感じでした。

とにかく電話じゃラチがあかないと思い、急いで帰宅することに。帰ってきてくださいってことは、家にいるから事故じゃないということには気付いたんですけど、夫のあまりの動揺っぷりに、私も気持ちが焦《あせ》っていたと思います。

家に帰った私は、そのままリビングへと向かいました。そこにいた夫は、真っ青な顔をしながら膝をついた状態で私の帰りを待っていました。まるで土下座のような格好の彼から出た言葉は、「今、週刊文春の人がきて……」というものでした。今にも倒れそうなくらい顔色の悪い夫には申し訳ないけど、それを聞いた瞬間に自分の中の黒い霧が晴れて。どこかスッキリとした気持ちの私。パパの説明も、最初は上の空で聞いていました。

「インスタグラムで……」とか「ファンの人と……」とか「LINEのやりとりが……」とか「でもこれは違くて……」とか。やがてクリアになってきた頭に、そんなことをポツリポツリと説明する言葉が入ってきます。

私は夫が「これは違う……」ということを言っていたのが引っかかり、すごく冷静に「LINEを消さなければよかったのに」などと考える余裕さえありました。「LINEのやりとりも載るけど、そんなメッセージは送っていなくて……」そんなことを言っていたと思います。でも、怪しいメッセージは片っ端から消去している人だったので、証拠はゼロ。これが夫の嘘だったのか、真実だったのかはわかりません。だって、何も残ってませんから。

そして、「文春さんには対抗できない、全部認めて謝罪しようと思う」という夫の言葉を聞いて、私からはひと言だけ。

「原田、アウト」

これがあの日、原田家であったできごとです。

あとになって、このひと言がこんなに世間さまに浸透するなんて思ってもみませんでした。なんだかセリフだけが独り歩きしちゃってて、面白おかしく聞こえますが、実際はお通夜みたいな雰囲気でした。もう怒りを超えて、鼻で笑っちゃうしかないような状況だったので、これが「笑ってはいけない〜」だったら、本当のアウトは私のほうかもしれません。

そこからは早かったです。私は話を聞き返すことも、ましてや問い詰めることもしませんでした。荷物だけをまとめてもらって、原田家からご退場願いました。彼の何がすごいって、こういう時にちゃんと自分で荷物をまとめられるところ。地方ロケに行く時なんか、普段から自分で荷物を用意する人だったから、自然と体が動いたんでしょうね。2分くらいでササッと準備して家を出た夫。あの、写真に撮られたランドクルーザーのエンジン音が聞こえて、私は「ようやく終わったんだ」と思いました。

あとで聞いた話ですが、あの日車で出掛けている最中にうしろから付いてくる車に気付いたんだそうです。それで「なんか怪しい」と思った夫は、結局ルミネには行かずに家に引き返すことに。車から降りて家に入ろうとしたら、「週刊文春ですけど……」と声を掛けられて家の前の公園へ。何も自宅前の公園でインタビューしなくても……と私は思いましたが、夫はもう言い逃れできないと、そのまま応じたんだとか。

急に記者さんがやってきて、自分の恥部を晒す内容のインタビューを受け、動画まで撮られて。私への電話はその直後ということでしたが、それはパニックにもなりますよね。結局夫を追い出す形にはなりましたが、年頃の子供たちを守るためには仕方のないこと。

浮気も3回目となれば、慣れっことまでは言いませんが、まあ浮気サレ上級者ですよ。1回目の浮気で失敗したこと、2回目の浮気でやらなきゃよかったと思ったこと、そんな過去のしくじり経験がこの時の私を強くしたんだと思います。

でも変な話ですよね。浮気サレた妻が強くならなきゃいけないなんて。傷ついているのも、悲しいのも私なのに。「もうしません」と言いつつも、どこかまだ平然とした雰囲気だった夫が、今回は打って変わって真っ青になっていたからでしょうか。気持ちが凪《な》いだままだった私。それが強さだっていうのであれば、私は子供たちのために強くなろう、そう思った瞬間でした。

世間をお騒がせしたことで、関係者や原田を応援してくださったファンのみなさんの期待を裏切る形になってしまったこと。彼を支えてくれた人たちに対して本当に申し訳なく思った反面、「浮気のことをもう1人で悩まなくていいんだ」と、妻として肩の荷が下りたことにどこかホッとしました。

子供たちとの家族会議

浮気サレた時にとった私の〝初動〟を褒めてくださる番組を見ました。自分ではこれまでの経験があったから今回のような対応がとれただけで、多分これが最初の浮気発覚だったらパニックになっていたと思います。

1回目、2回目の浮気を経て、私がまずしたことは「何もしないこと」でした。なんかちょっと変な感じですよね。これまで怪しいと思ったらすぐ行動に出ていた私。でもそれで私が幸せになれたことは1回もなかったので。もちろん、モヤモヤしていた期間は辛かったけど、自分の気持ち的にも何もしなくて正解だったなって。

「あの時の自分、嫌だったな」とか「なんであんなことしちゃったんだろう」とかがなくて、何もしなかったことが結果、あとになって落ち込む原因を潰すことに繋がりました。

浮気の説明を本人から聞いた時、相手がどんな人かも聞いていないし、スマホを確認することもしませんでした。私はただ黙って彼の話に耳を傾けていただけ。だって、余計なことを聞いたら、聞きたくないことまで耳に入っちゃいますから。自分の身は自分で守らないとです。

そして夫には「子供たちの生活を守るために、荷物をまとめてください」と言いました。サッカーでいうところのレッドカードです。イエローカードが2枚溜まってた時点で、本当は退場だったんですけどね。

何がダメって、この時息子は高校のテスト期間中だったんです。大学の推薦をもらうために、評定平均オール4以上を保たなきゃいけなかったので、テストはものすごく大切で。息子は繊細で感情豊かな子だから、このことを知ったら絶対にテストどころじゃなくなってしまう。記事が出るまでまだ時間があったので、今はまだ伝えるべきではないというのが、母親目線から息子を見た末の判断です。

なので、彼が出て行ったあとはいつも通り家事をして、子供たちのご飯を用意して。でも夫だけがいない。そんな食卓の最中、子供たちから「あれ、パパは？」って聞かれましたが「ロケ～」とだけ答えた私。我が家は、パパが仕事で数日家に帰らないということが当たり前でしたから。この時ばかりは、そんな当たり前に助けられました。

息子の試験が無事に終わり、いよいよ子供たちに話さなきゃと思ったのですが……。正直、すぐには言えませんでした。

子供たちにとってパパは憧れの存在だし、尊敬していたので。これまで2人の間で片付けてしまっていたことについては後悔していませんでしたが、この課題を1人で背負うには少々重すぎます。でも『週刊文春』が発売されてしまえば、嫌でも知ることになる。周りから知らされるよりかは、自分の口から。頭ではわかっていたんですけどね。

結局、子供たちに話をしたのは、記事が出る前日でした。2人共黙って話を聞いてはくれましたが、その表情を見ていると申し訳ない気持ちでいっぱいになってしまい。でも子供たちもある程度大きいから、ここは正直に気持ちを打ち明けてみようって思ったんです。「ママは裏切られて許せない気持ちが大きいから、別れたほうがいいのかなって考えたんだけど、どう思う？」って。

そうしたら、息子も娘も「パパとママは一緒にいてほしい」って自分たちの思ってることを話してくれて。その言葉を聞いて、「じゃあ頑張ろう」ってなった私たち3人でした。

そして迎えた『週刊文春』発売当日。

実はこの日は息子の学校の体育祭だったんです。最悪ですよね。テレビはそうでもなかったんですけど、SNSのほうがすごいニュースになってたので、学校の先生も「大丈夫か？」って心配してくれたと息子から聞きました。

賛否両論あるかとは思いますが、こういう時だから私はいつも通りにしていようと思い、体育祭に思い切って参加しました。学校へ行って、「お騒がせしてます」って言いながらですけど。本当に申し訳ない気持ちでいっぱいでした。

でも、3人で話し合って結論を出したあとだったから、息子も気持ちは最悪だったはずですが、体育祭は一応楽しめたみたいです。もちろんパパは不参加でしたよ。

その頃、私は……

サレ妻として培ってきた、過去2回の経験があった私。週刊誌で知りたくもない夫の浮気の詳細をたしかに目にはしたものの、終始、精神的ダメージを負わないようにすごすことに努めていました。それこそ、趣味のハワイアンキルトをしたり、音楽を聴いたり。この時期ちょうど、息子のサッカーの試合間近でしたので、そっちに意識を傾けることも多く。なるべくボーッとする時間を作らないようにすることで、心の平穏を保っていたんです。

もちろん世間に晒されたという意識はありました。でも、私がそれに振り回されてしまったら子供たちに影響が及んでしまうということもわかっていて。情報をスルーする気概を持つこと、過去の浮気から学んだ私の心づもりです。

簡単に言ってしまえば、浮気に対するスルースキルが身に付いていたんでしょうね。〝見ざる聞かざる言わざる〟とはよく言ったものです。

浮気って事実だけ述べてしまえば、私にとっては裏切り行為でも、本人は楽しい時間をすごしていただけ。夫がただ楽しんでいただけの時間に振り回されるなんて、バカらしいという反骨精神でやりすごしていた部分もあります。

この浮気の件に関して唯一私がしたことといえば、2回目の時にも頭をよぎったカウンセリング探しです。やっぱりあの時に受けておいたほうがよかったのかしらなんて思うこともありましたが、すぎてしまったことは仕方がないですからね。探してみたものの、やっぱりピンとくるものには出会えず……。今回も諦めるほかありませんでした。

週刊誌発売当日、私にはずっと前から楽しみにしていたライブがあったんです。色々ありすぎて、直前まで行くかどうするかをずっと悩んでいました。でもこの日を今か今かと待ち望んでチケットをとっていたので……ものすごく楽しみにしていたんです！　シンガーソングライター・ReNくんのライブ。ファンになった日から、いつか生歌を聴きたいと思って、初めてとったチケットだったんです！「あんチクショーのせいで、私の楽しみが潰されてしまう」って思ったら、もういろんな意味で許せなくなってきちゃって。彼のせいで、初めてのライブに行けなくなるかもしれないことが悔しくて、悔しくて。

すると子供たちが言ってくれたんです、「ママ、行ってきなよ」って。

体育祭が終わったあと、息子はサッカーの練習へ。そして娘は学校のあと塾だったというのもあって。子供たちの優しい提案を受けて、森ママや友達、いろんな人に相談しました。そしたら、みんなも「こういう時だから、愛ちゃんは自分の楽しいことをしたほうがいいよ」って言ってくれて。それでも写真を撮られたらどうしようとか考え始めると、なかなか決断できず。だから体育祭から帰って、「家の前にもし記者さんがいたらやめよう、いなかったら行こう」って自分の中で決めたんです。

体育祭が終わって帰ると、玄関前は静かなもので。ようやく踏ん切りが付いた私はライブ会場へ向かいました。その道中、車内でＲｅＮくんの曲を聴いていたら不意に涙が溢れてきてしまって。やっぱりそれまで気を張っていたんだと思います。

プツンと緊張の糸が切れ、涙が止まりませんでした。こんなことになっちゃって子供たちには恥ずかしい思いをさせてしまったとか、仕事も順調にさせてもらっていてせっかくいい時期だったのに、パパは何やってるんだろうとか。バカだなっていうショックと、これまで積み上げてきたものを夫自身が壊しちゃうんだっていう残念感。もう、いろんな感情が止まらなくなっちゃいました。

彼が私たち家族にはもちろん、周りの人たちから愛されてる人だからこそのショックだったというか。こんなに恵まれた環境にいるのに、なんで浮気なんてしちゃうのかなって。いろんな人たちが俳優・原田龍二を愛してくれているのに、最悪の形で裏切ってしまったという事実が残念で仕方なかったです。

そんな思いもありましたが、ライブは楽しめました。

子供たちや周りの人たちが背中を押してくれたというのもありますが、行ってよかったたって素直に思います。そりゃ、世間には「夫がそんなことをしでかしたのにライブなんかに行って」と言う人もいるかもしれません。私だって、そのことは悩みましたよ。でも私は顔の見えない誰かより、私の周りにいる人たちの温かい言葉を信じようって思ったんです。顔の見えるみんなの、私を心配して支えてくれる思いに応えたかったから、どんな形であれ、そのためのパワーチャージができて大満足でした。

これはあとになって思い出した余談ですが、この時はちょうど、夫の生命保険の切替時期でした。夫は自分で入ろうとしない人だから、私が促して最低限は入ってもらっているんですけど、せっかくだからと保険の見直し作業をして最後の契約をするだけの段階に入っていた矢先のできごとで。ただでさえ駄菓子ばかり食べている人だから、ちゃんとしたかったのに。

でもそんな騒動の中、彼に窓口に行って最後の手続きをしてもらうわけにもいかず。つい最近まで忘れていたんですけど、今度こそちゃんと保険を見直そうって思いました。

それがあの時の私の心残りです。

その頃、パパは……

夫は、家を出たあと、最初の2日間は東京にある森ママ宅近くのホテルに泊まったそうです。そして、そのあとは義弟夫婦のところにお世話になっていた夫。やっちゃんのところは、アッコさんと子供1人、お義母さんの4人暮らしで、そこに夫が居候をさせてもらう形になりました。

家を出てもらって以来、夫からは毎日のようにLINEが届いていました。もちろん電話もかかってきましたが、私の気持ちが収まっていなかったこともあり、あまり出ませんでした。なので、私たちのやりとりはLINEがメインに。

彼からは謝罪の言葉もそうですが、「家に帰らせてほしい」という内容が多かったのを覚えています。私の言葉が足りなかったせいもあると思いますが、そもそも私が「子供たちの生活を守るために家を出てほしい」と伝えたはずなのに、それすらも抜け落ちてしまっていたのでしょうか。その点については、もう少しちゃんと説明するべきだったのかもしれません。

「今後はこういうことがないように……」「これからは家族のために……」という、家族の未来に向けたメッセージや、「森ちゃん（事務所社長）とこういう話になりました」「今、謝罪会見に向けてこういう風になっています」「今日は誰がきてくれました」といった、その日の報告まで、それまでの数ヵ月間が嘘のように細かく連絡をくれるようになりました。

夫は元々はそういう性格の人なんです。よそに目が向いていると私への連絡があからさまに減る。でもそういうことさえなければ、私への連絡はちゃんとしてくれるんです。そういうことが足跡になるから、浮気するとすぐバレちゃうんですよね。これは無意識の行動だろうから、本人は気付いていないのかもしれません。

返事はしたりしなかったり。私も、なるべくコミュニケーションをとろうと努力はしていましたが、やっぱり気持ちがついてこなくて。でも、その頃の私はもう無理をするのはやめようと思っていたので、自分の気持ちに正直に従うだけ。連絡したくない時は無理して返す必要はないと思っていました。逆にそれがよかったのかもしれませんね。無理をしてないから夫を責めるような言葉も出てこなかったし、文字だけのやりとりで衝突することもありませんでしたから。

この別居期間中、私から「ＲｅＮくんの『存在証明』と『Ｌｉｇｈｔｓ』を聴いてみて」って夫に送りました。なんとなく彼にも聴かせてあげたいなって思ったんですよね。何かを共有したいって思う気持ちがある時点で、許したわけじゃないけど私はパパとの未来を諦めていなかったのかもしれません。

ライブに行ったということもあり、若い子からエネルギーをもらえたのかな。おばちゃん的にはそれで頑張れるのでよしとしてください。

夫からは、「すごく心に沁みた」っていう内容の返信があったと思います。あの時、彼がどういう気持ちですごしていたかはわからないですけど、私的には距離をおいて正解でした。だってこれまでは浮気したあともずっとそばに居続けちゃいましたから。

曲を送ったり、感想をもらったり。状況的にはそんなロマンチックなものじゃなかったけど、なんとなく出会った頃のことを思い出したりもして。果たして、私たちの関係はこれでよかったのか、それとも何かを間違えてしまったのか。


かわいい子供たちに恵まれたことは、胸を張って人生最良のできごとだったと言えます。パパと一緒だったからこの子たちに会えた。

……やっぱり私たちはこれでよかったんだ。いくら回り道しながら考えても、最終的に辿り着いた私の答えはこれでした。

周りの人たちに今だから言いたい「ありがとう」

夫の浮気が公になって、周囲の人たちからは本当にたくさん声を掛けてもらいました。口を揃えてみんなが言ってくれた言葉が「大丈夫」。もちろん、「大丈夫？」の意味もあれば「大丈夫だよ」と、沈みがちな私の気持ちを引き揚げてくれるものなど様々。でも同じだったのは、みんなが私を〝大丈夫マジック〟にかけてくれたこと。不思議ですよね。そうやって周りから「大丈夫」って言われ続けると、本当に大丈夫な気持ちになってくるんです。私たち夫婦は、本当に周囲の方たちに恵まれてるなって思った瞬間でもありました。

息子のサッカーチームの監督さんたちは、「お母さん、大丈夫か？」と息子にも私にも声をかけてくださって。「顔を見て安心しました」と言われると、心配かけてしまった申し訳なさよりも、心配してくださっているという温かさのほうが勝ってしまいました。

ハワイアンキルト教室でお世話になっている、キャシー中島先生からも「普段通り、頑張るのよ」って背中を押してもらいました。そのほか、森ママの奥さまやアッコさん、里見浩太朗さんの奥さまなど、みなさんが私たち夫婦を支えてくれました。特に、女性の先輩方からの声はすごく響きました。色々な経験を重ねられている分、やっぱり重みが違うんです。

彼がお世話になっていたやっちゃんの家では、アッコさんが毎日のように夫を〝大丈夫マジック〟にかけてくれていました。あの明るい笑顔で、「大丈夫だよ、大丈夫、大丈夫」って呪文のように言われ続けると、不思議と落ち着くんです。彼が謝罪会見を無事に乗り切れたのは、アッコさんのおかげだったのかもしれません。

その頃の私は、ネットの記事は読んでもコメントは見ないようにして、ネガティブ要素は極力とり入れないように努めていました。夫は俳優だけど私はもう芸能人じゃないし、ただの主婦だからこそ、周りの人たちの言葉だけを信じようって。顔も知らない人たちのコメントよりも、手の届く範囲の人たちを大切にする。この場を借りて、当時お世話になったみなさんに改めてお礼を言わせてください。

私たち夫婦を支えてくださって、ありがとうございました！

一方、私の古くからの親友たちはといいますと……。みんな口を揃えて「やっちゃったね～」と申しておりました。そこは気心が知れた親友たちだったからこそのコメントですね。昔からの親友たちはみんな知っていましたから、彼の過去の浮気のことを。

最初の浮気がバレた時点で言われていたんです。「別れなよ」って。まあ当然ですよね。今はわからないですけど、当時の私でも友達が彼氏に浮気サレたって聞いたら同じことを言うと思いますから。

彼の黒い部分を知っていたからこそ、「まーだそんなことしてたか！」とか、「いよいよここまできたか〜」とか。……もう、おっしゃる通りで。でも、そういう反応が逆にありがたかったりするんですよね。まだ世間のみなさん的には、「これが初めての浮気？」状態でしたから。素の部分を知ってくれている友人たちというのは、辛口な反面、「どうせそれでも別れないんでしょ？」と私の決断を尊重してくれる子たちばかりなので。


「これが初めての浮気？」と思っていらっしゃった人の中には、口に出さないまでも「別れたほうが……」と考えられた方が少なからずいたんじゃないかなって思います。それは当然ですよね。だって、浮気の詳細をこんなに細かく知ることになってしまったんですから。

でも長いこと付き合って、やっと結婚して、子供たちにも恵まれて。どんなことが起きても、結局私は夫のことが好きなんだっていうのを知ってくれている親友たちがいるっていうのは、それはそれはありがたかったです。

汗だくの謝罪会見

会見の前に、私は夫に「泣かないでね」と伝えました。「情けない原田龍二なんて見たくない」って。随分強気な発言に聞こえるかもしれないですけど、彼のことを一番応援してきたという思いがあったからこそ、たとえどんな場所でも〝俳優・原田龍二〟でいてほしかったんです。あと正直に言うと、「泣いて許してもらおうなんて、小学生みたいなことしないで」という気持ちもありました。

謝罪会見はテレビの前で祈るような気持ちで見ていました。どんなことを話すんだろうって思ったけど、それ以上に無事に終わることだけを願っていました。

謝罪会見って、そもそも私に対してのものではなく、ご迷惑をおかけしてしまった関係者やファンのみなさんへのケジメというか。夫が出ているテレビを見て、こんなにドキドキさせられたことはなかったですね。パパが一生懸命話している姿を見て、私も頑張らなきゃって奮い立たされた面もあったので、そういった部分ではちゃんと最後まで見届けられてよかったです。そして子供たちと話したあとではありましたが、この会見を見たことで別れずにこれからもやっていこうという気持ちがさらに強まりました。

でも、ちょいちょい発言を聞いているとムカついたりもして。何もそんなバカ正直に答えなくてもいいじゃないって思ったり。

やっちゃんが出演したドラマの会見で、記者さんから「原田龍二さんの件で何かお兄さんに伝えたいことはありますか?」と質問が飛んだのを申し訳ない気持ちで見たんですけど、やっちゃんはすごかったです。「伝えたいことがあれば、本人に直接伝えます」ってフルスイングで打ち返してましたからね。さすがだなって思って見てましたけど、夫はそういう機転がきくタイプじゃないから。きっと彼が同じ質問をされたら、正直に伝えたいことを答えていたと思います。そういうところが、夫のいい面でもあるんですけどね。

個人的にはもうちょっとかわしてもいいんじゃないかって思いながらも、汗をかきながら一生懸命答えている姿は夫らしいというか。みなさんに「あの必死さがよかった」って言ってもらえて、救われました。

長かったですよね、会見。私はソファから一歩も動けず、ずっと彼の言葉を聞き続けていました。あとになって、あの会見に出席していた記者さんとお話しする機会があったんですけど、「周りの記者たちの目が優しくて、謝罪会見っていう空気じゃなかったですよ」って笑いながら教えてくださって。本当に彼は幸せ者ですよ。

夫はお仕事の現場関係者のみなさんに対し、とても腰が低いみたいで。若い頃からこの世界にいるのに、驕《おご》ることなくやってきた姿勢が良かったのかもしれません。私が言うことじゃないかもしれませんが、今芸能界に復帰させていただいて、仕事をしている彼を間近で見ていると、その通りだなってわかるんです。出会った頃の彼はとんがっていましたから。

森ママからは、「あの事件があったあとも、二度と原田龍二とは仕事したくないって人はいなかったよ」って言ってもらえて。「むしろ、私だったらよかったのにって言っていた女性プロデューサーは何人もいたけど（笑）」って。２年以上経った今だからそんな話ができるようになりましたが、当時の会見の裏側でそんな風に声をかけてもらっていたなんて……ありがたい限りです。

これに懲りてもう悪い癖が出ませんように。家族にも、仕事現場の関係者のみなさんにも、これだけ愛されてる彼だからこそ、周囲の期待を裏切るようなことは最初で最後にしてもらいたいと願わずにいられませんでした。

そして長かった会見の翌日、夫は帰宅しました。

原田、セーフ⁉（浮気その3後日談……そして最終回⁉）

この騒動があり、原田家ではまず車を買い替えました。浮気が発覚してすぐのタイミングで、「車を今すぐ、売りたい」ってお願いしたんです。いつもお世話になっている車屋さんがすぐに代わりの車を手配してくれて、謝罪会見の日も夫は代車に乗って行きました。

これまで乗っていた車は家族みんな気に入っていたので、こんなことで車を買い替えることになるなんて控え目に言っても最悪です。バックシートも倒せるし、寝るスペースが確保できるくらい広いので……もう自由自在だったんですよね。

夫は夫で、車買取業者の人を紹介してくれる知り合いがいるっていう話をしていて。この時の私は今後の生活のことが不安だったので、「高く買ってくれるところに売ろう」と話をしました。だってこんなことになってしまって、仕事がなくなると思っていましたから。生活費を捻出しなくてはいけないので、「少しでも高く売ってお金を貯めなきゃ」って頭だったんです。もちろん感情面だけでいえば、即買いとってくれるところならどこでも売りたかったですけど。

それでも車がないと生活できない場所に住んでいるので、新しい車を見に行くことに。新しい車に関しては、もちろん私主導で選んでおります。夫はどんな車に乗りたいなんて発言できませんでしたからね。まず、車内が広すぎない車を探しました。当時は騒動真っ只中だったので、私が車を見に行くにしても車屋さんの前をゆっくり通りすぎながら必死に目だけを動かして。燃費やら金額やら、色々考えた結果、我が家の新しい車はステーションワゴンに落ち着きました。

ちなみに家族からは不評でした。それまでは車高も高くて、広々とした車内だったから、子供たちにとって車が狭くなることが不満だったみたいです。ただ、私としては不安の芽は摘んでおくに限りますから、一切聞く耳持たずで貫き通しました。

夫が無事家へと戻ったあと、改めて2人でやっちゃんのおうちにご挨拶へ行くことになりました。今回の件で、一番迷惑をかけてしまったので。その時アッコさんから、夫が居候をさせてもらった初日のお義母さんの様子を教えてもらったんですけど、お義母さんは夫を叱ってくれたみたいです。いつもは嫁たちに厳しいお義母さんですが、叱ってくれたって話を聞くとちょっぴり嬉しい気持ちになりました。私が行った時も、すごく申し訳なさそうにご飯を出してくれた姿が印象的でした。やっちゃんの息子は色々なことを察しつつ「よかったね、2人が仲良さそうで安心した」と声をかけてくれて、本当にありがたかったです。

私たち家族の下した決断は、これまでの生活を続けること。子供たちが「パパとママは一緒にいてほしい」って言ってくれたことも気持ちを固める上で大きな要因にはなりましたけど、結局のところは私が彼を好きなんです。こんなことがあっても、まだ彼のいいところが勝っているんだから不思議ですよね。それに子供たちにとってのパパは、裏の顔もあったけど普段は優しくて面白いお父さんですから。

そして、夫の態度も激変しました。

過去2回の浮気発覚後は「私、なめられていたんじゃないか？」と思うくらい。多分、悪いことをしていたっていう意識が低かったんでしょうね。「もうしません」って口では言っていましたが、その場しのぎの言葉だったというか。都度都度、それなりに一生懸命力説してくれていましたが、その根底にあったのは私を言いくるめることだったのかもしれません。そして私も、「口ばっかりで」ってどこかで思っていて。完全には反省していない、私の辛さをわかっていないって。まあ、そういうことを繰り返してしまう人だから、浮気に対しての考え方は軽かったんでしょうけど。

だから、今回はバチが当たったんだなって思うことにしています。自分が恥ずかしい思いをして、世間の目に晒されて、ようやくその罪の重さに気付いてくれたというか。私をどれだけ苦しめてたかってことを、彼が少しでもわかってくれていたらいいんですけどね。

とはいえ、毎日反省してほしいと思っているわけではありません。だって毎日反省されたら、彼のいいところがなくなっちゃう。夫には、これからもいつも通りの面白くて優しいパパでいてもらいたいです。その積み重ねが、原田家が日常へと戻る一番の近道。……まあ、たまに思い出して私のことを労《ねぎら》ってくれるくらいがちょうどいいかな。

私は彼がしてきたこれまでの浮気も含め、自分の中で〝蓋《ふた》〟をすることにしました。これから先、夫婦間で口論になることがあっても、過去の浮気話は持ち出さない。それが私たちにとっては、これからも家族を続けていく上で大切なことなんじゃないかなって思うので。彼が彼なりの禊《みそぎ》をしたのに、私だけ何もしないままってわけにはいかないかなと。周囲のみなさんは、私が一番の被害者だって言ってくれますが、やっぱり一番かわいそうだったのは子供たちだと思うので。4人でこれからも一緒にすごすと決めたから、私は自分がこの件で抱えた嫌な気持ちに蓋をする、それが私なりの禊です。まあ、すぐに蓋が開かないように、漬物石でも載せとかないといけませんが。

今テレビやインタビューで問われるままに夫の浮気の件を話していますが、それはあくまでも私の〝復習〟なんです。もう聞かれて困ることもないから、その時に感じた感情も含めて事実を話す。でも、それがこれまで俳優・原田龍二としてやってきた彼に対しては、ささやかながらも〝復讐〟になっているのかもしれませんね。

子供たちとの再会と原田家の再生まで

家を出てちょうど1週間。会見の翌日に帰宅した夫は、私たちにまず謝りました。平謝りで、「頑張っていくので、これからの自分を見てください」って。このセリフって、叱られた子供が親に対して反省の意を込めて言うものですよね。

ただ、いつもなら子供に言わないようなことでもパパはちゃんと言葉に出して伝えてくれます。世の中的には、浮気がバレてしまった時、子供たちには事実を誤魔化してしまう父親って多い気がしていて。でもパパはそれをしない。子供たちと同じ目線で付き合ってきたからこそ、子供たちも許してくれたんじゃないかなって思います。

〝友達パパ〟みたいな感じですかね。悪いことをしたら、親だろうが子供だろうがちゃんと「ごめんなさい」をする。当たり前のようで実は難しいことをちゃんとしてくれるんです。だから、「パパとママが愛しあってるならそれでいい」って、子供たちは受け止めてくれたんじゃないかと思っています。

子供たちの存在の大きさに改めて救われた原田家。子供たちが「パパ嫌い」っていう家庭だったら、私たちはこの時点で離婚していたでしょうから。息子はこのことがあってから、パパに「すごく尊敬してたからショックだった」って涙ながらに伝えていました。それでも自分の気持ちと折り合いを付けながら、私たち家族がこれからも一緒にすごす道を息子は選んでくれて。本当に頼もしく育ったなと思うばかりです。

そしてすごかったのが娘。私も女だから、娘の気持ちが一番心配でした。女の子からしてみたら、大好きなパパが浮気してるなんて嫌悪感の対象でしかないんじゃないのかなって。娘は、浮気がわかってから「バカ、ママを悲しませてどうするの?」ってパパにLINEしていたようで。でもその時にパパに言いたいことを言ってスッキリしたのか、落ち込んでいるパパに対して「パパ、気持ち切り替えていくよ!」と。なんとたくましい娘なのでしょうか。この時ばかりは、一番年下の娘に助けられた我が家です。

息子はそれからしばらく、家の中でもムスッとした態度が続きました。パパがいない時、私に「パパとどう口をきいていいかわからない」と言ってきたこともあって。でも、娘がムードメーカーになってくれたこともあり、パパと息子の雪解けまではそんなに時間がかかりませんでした。

なんだかんだとパパが大好きな娘。本当に仲がいいです。パパももちろん娘が大好きだから、たまに「その愛情表現を私にしてくれてもいいんじゃない?」なんて思ったりもして。娘への愛情って、妻へのとはまた別のものがあるから、仕方ないんでしょうけど。

娘はこの件があって、「私は大丈夫だよ」とよく言っていました。でも親としては、やっぱりその言葉は心配でしたね。息子は体育祭という行事があったから、報道が出てすぐの学校の様子を直接知ることができたんですけど、娘の学校のほうは本人の口から聞くしかなかったもので。

でも学校では、パパの話題はあまり出なかったそうです。当時、娘は中学1年生になったばかりの5月だったから、パパが原田龍二だと知らない子もいて、そこまで話題にならなかったと聞いて安心しました。娘は中学生に、息子は高校2年生になったばかり。子供たちがかわいそうだって話も出ていた反面で、新学期になりたてというのがよかったのかもしれません。

夫としては赤点のパパだけど、父親としては100点満点。これまで培ってきたものがあったからこそ、私たちは家族に戻れました。パパがどれだけいい父親なのか、痛感せずにはいられません。

第4章

波乱万丈な
私にとっての幸せ

原田家の日常、再び

あれ以来、家族の間で浮気の話をすることは、〝ほぼ〟ありません。タブーになっているわけではなく、それぞれがその話題に必要性を感じていないだけの話。いいチームワークです。でも、私がブログを始めようと思っていた時、夫がポツリと「俺もＴｗｉｔｔｅｒ始めようかな……」なんて言い出して。そうしたら息子がすかさず「パパ、まだ早いよ」って返していました。別に懲りてないわけじゃないと思うんですけど、何か発信する場所がほしいのでしょうか。ファンでいてくださっているみなさんには本当に申し訳ないのですが、私としてはまだ許可はできません。

現在の我が家は、パパと私と娘の3人暮らし。息子は今、アメリカの大学に通いながら、日々サッカーの練習に明け暮れています。子供を留学させるというのは親として勇気のいる決断だったけど、いろんな経験もできるし日本の大学とはまた違ったワクワク感が得られるのではと思い、涙ながらに送り出しました。

本当はアメリカに行く前に料理を教えたかったんですけど、今は動画を見ればなんでもわかる時代だからと、英語の勉強や渡米準備に時間を費やしていました。結局、料理は教えられずでしたが、動画を見ながらなんとか自炊して頑張っているみたいです。

息子がアメリカに行く直前。「3人になったら、ママ大変だよ」と、息子が不穏な発言をしていました。まさにその通りです。構図的には、私vs.自由人2人ですからね。私が常識人というわけでは決してないのですが、パパと娘は似た者同士で本当に自由奔放な人たち。娘が生意気な態度をとった時に、「そんなことばかり言ってると、ママ、アメリカに行っちゃうからね！」と言ったら、「どうぞ〜」とか言われて。逆に私のほうがちょっと寂しくなっちゃいました。

普段のパパは、娘から子分のような扱いを受けています。それで喜んでいるパパを見ると、ちょっとイライラする。結局のところは娘を甘やかしているわけですから。でももちろん父親なので、娘を叱る時もあります。この前も娘に「スマホを見ながらご飯食べるな」って叱っていたんですけど、私から見たら夫も一緒。自分はテレビを見たり、「ちょっと返信しなきゃ」とか言って、食事中にスマホをいじったり。そりゃ、娘からしてみれば「パパもやってることなのに、何がダメなの？」ってなってしまいますよね。食事中は食事に集中してほしい。作った私にも感謝してほしい。「そこに感謝の気持ちはあるの？」って思わず聞いちゃいましたよ。夫も娘も、感謝の気持ちが足りないんです。

一方で息子は、こうなることが予想できていたみたいで。我が家の中では、息子が一番厳しかったので。息子が言えば、パパも娘もドキッとして行動を見つめ直すんですけどね。サッカーをずっと頑張っている息子だからこそ、言うことに説得力や威厳があるというか。「息子が頑張っているから、原田家一同頑張ろう！」って気持ちにさせてくれるんです。過去を振り返らない強さを持つ娘が我が家のアドレナリン的存在だとしたら、息子はカンフル剤です。大人が2人もいて情けない話ではありますが、うちは子供たちがしっかりしているおかげで、今でも毎日楽しく暮らしています。

世間から見た私と私の本音

この浮気の一件で、たくさんの温かいコメントをいただいたことをとても嬉しく思っていました。応援してくださったみなさん、本当にありがとうございました。

せっかくなので、世間から評された部分について私なりに考えたことをお伝えしたいと思います。

本音を言うと、今回の件で私自身が「かわいそう」って思われるのは嫌でした。まあある意味かわいそうなんですけどね。でもそれがなぜ嫌かというと、夫と離婚しないことも含めて、全てを自分の意思で決断したと思っているからです。もちろん子供たちの気持ちもあったし、全てを1人で決めたわけじゃなかったけど、でもこれからも夫と夫婦で在り続けるということに関しては、私が最終的に決めたことだったので。

インタビューを受けていてよく「原田さんのことは許したんですか?」って聞かれるのですが、許してはいませんよ。それとこれとは別です。許せるわけがないですからね。でも世間のイメージとしては、私が夫と一緒にテレビに出ていることで浮気の件を許したように見えているのかなって。だから、そういう風に聞かれるというのも理解しています。画面を通じてでしたが、彼が逃げることなくたくさんの人に謝罪したのがよかったんだと改めて思う今日この頃。私のイメージは、多分そこに引っ張られているんじゃないでしょうか。

いつもの2人の空気感がテレビ画面を通して伝わり、それを見た人たちに私が夫を許したと思ってもらっているなら、それはそれでいいのかもしれませんね。許したわけじゃなくても、私たちはもういつも通りの日常をすごしていますから。

気持ちに蓋をすると決めたけど、私は聞かれたらなんでも話します。「気持ちに蓋をしていたら話さないいんじゃやない？」と思う人もいるかもしれませんが、私の場合は逆。もちろん冗談めかして恨みつらみを言ったりもしますが、基本的に感情は乗っていません。

私自身のことを〝不幸な人〟っていうイメージだけで終わらせたくなかった、これに尽きるのかもしれません。たまたまお仕事のお話をいただけて、私の声をこうやって発信することができる環境になって。それは、これまで芸能界で頑張ってくれていた夫のおかげ。本当にありがたい限りです。まあ浮気しなければ、イメージを払拭する必要もなかったんですけど……なんて、チクリとついつい差しはさみたくなってしまうのは私の性格です。

だから、これからどんな仕事をしたとしても私は私のまま。こうやって子育てが落ち着いた今、お仕事をいただけるのであれば、前向きにとり組みたいと思っています。その上で、もちろん私の考え方や行動が鼻につく人たちが出ないとは思っていません。浮気に対してはある程度の耐性ができていますが、久しぶりの公の場。応援メッセージを励みに頑張りたいと思っています。

ちなみに、世間の声は子供たちも目にします。親がこういうお仕事をしているから、仕方のないことかもしれませんが、その点はデジタルネイティブの我が子たち。私たちなんかより、情報やコメントの取捨選択が上手なんですよね。どんなことが書かれていてもさほど気にしないというか。

なので、私たち夫婦の対談インタビューやバラエティへの出演情報などは、前もって家族のグループLINEで情報共有しています。記事が出る時はどんなコメントがくるかわからないから、「パパとママはネットニュースのコメントは見ないけど、もし目にして嫌な気持ちになっちゃったらごめんね」と伝えるようにして。でもそんなことを言ったら見たくなっちゃいますよね。娘は気になってしまったことがあったらしく、3つくらいコメントを見て「大したことは書いてなかったよ」と言っていました。

どこからでも情報が手に入るようになった時代だからこそ、インターネットで知るのではなく、私たちから最初に伝える。それは2人が成人したとしても、続けていけたらと思っています。

本当のことは自分で伝えたい

実はブログを始める前に、手相芸人の島田秀平さんにみてもらう機会がありました。私の手相的には、何か新しいことを始めるんだったら２０２２年がオススメだと言われていたんです。だからブログを始める準備をしていたものの、それを聞いて一旦中断しました。

でも、息子の留学でこの２０２１年に時間的に余裕ができたのもたしかなこと。これまでサッカーママとしてすごしてきた時間が空くので、新しいことにチャレンジしたいなと思ったんです。それが私にとってはブログというものでした。

そんな中、見つけてしまったのが、天赦日と一粒万倍日と重なった２０２１年の最強＆最高の開運日。これはもうこの日に始めるしかないと思った私は、占い結果を無視することに心の中で謝罪しつつ、ブログの準備を再開しました。

浮気の件があって、原田龍二の最低最悪な部分が丸出しとなった我が家。もう隠すものは何もありません。それに素の原田龍二の姿を見せたほうが、この人面白いんじゃないかなという風にも思っていて。日常生活をさらけ出すことで、彼の新しい魅力に気付いてくれる方がいたらいいいなとも思っています。

もちろん、始めるにあたっては、夫や子供たち、そして森ママにも相談しました。みんな、私が新しい何かにチャレンジすることを快く思ってくれたみたいで。近くに応援してくれる人がいるっていうのはいいものですね。

元々何かを書くことも好きだったので。ハワイアンキルトに続き趣味がひとつ増えました。ブログを始めてすぐ、私の記事がネットニュースでとり上げられるようになったんです。ネットニュースを信頼していないわけじゃないけど、記事を転載して書かれているだけだから、あんまり気にしなくてもいいのかなって。言葉は選ぶべきか一瞬は悩みましたけど、これは私のブログだからこれからも書きたいことを書いていこうと思っています。不特定多数の人が見るものだけど、このブログはあくまでも私が趣味でやっているものですから。

これまで夫繋がりで記事が出て、自分のことを色々言われていても発信する場のなかった私は受け身をとるだけでした。もう家族のことも公にしているし、それだったら本当のことは自分の言葉で伝えたい。そういう場所があるというのは心強い限りです。

浮気記事が出た時、複数人とお付き合いしていたと写真が出たことがあったんですけど、夫と目線を入れられた女性たちとの2ショット写真の中に、実は私もいて。思わず笑っちゃいました、「この写真私だよね~」って。当時は、「どうせ書くならもう少しちゃんと調べてくればいいのに」なんて思ったりしたものです。でも、今はそういうことがあっても大丈夫。ちゃんと自分で発信できますから、「これ私です」と。……って、そういうことはもうなければいいだけなんですけどね。

芸能界にいた時はイメージというものがあったから、人によく思われなきゃとかいい子でいなきゃというプレッシャーがすごくて。でも今は素人に毛が生えた程度の私なので、そういう枠に囚われることなく自由に発言させていただいております。やっぱり、ありのままでいるほうが気が楽ですね。いつ風当たりが強くなるんだろうとドキドキすることもありますが、今は温かいコメントに感謝しつつ日々の生活を書き綴っています。

ちなみに私、インスタグラムもやっています。ブログばかり書いているから、インスタはあまり更新していないんですけど。インスタだとなんかキラキラしてなきゃいけない気がする反面、ブログは素でいいというか。自分の料理も、ブログだったらいいや〜って思えたり。あの気軽さが、私にはあっているんだと思います。

インスタしかやっていなかった時は、息子から使い方を指摘されることもありました。ハッシュタグの付け方って難しいですよね。「#原田龍二」って付けてしまって、それを息子に注意されたんです。浮気の件があったあとだったから、「こんな時期に原田龍二をハッシュタグに付けるなんてアホでしょ」って。ごもっとも。嫌なコメントが増えちゃって、鍵をかけてみた時期もあったんですけど、でも私別に悪いことしてないしなあなんて。

インスタで山本漢方製薬の山本整社長が私を見つけてくださったこともありました。そういった様々なご縁があって、今私がこうして本まで出せるようになったので、SNSも悪いことばかりじゃありません。本当に、人生何が起こるかわからないものですね。今ではネットの世界って、怖いことばかりじゃないんだなって思っています。もちろん、夫みたいな変な使い方は絶対にダメですけどね！

芸能界復帰……なのかな？

私がブログを始めたことがキッカケで、夫が2018年からお世話になっている、山本漢方製薬さんからありがたいお話をいただきました。なんと「大麦若葉のCMに夫婦で出演しませんか？」というもの!!　驚きを通りこして、最初は何がなんだかという状態でした。

山本漢方製薬さん、夫の浮気の件があっても変わることなくCMのお仕事を続けさせてくださった神さまのような会社です。もし、私が出演することで少しでも恩返しができるなら、と、せっかくいただいたお話に全力で乗っかりたい。更なる新しいことにチャレンジしたいという気持ちがムクムクと湧き上がってきちゃったんです。

ちなみに子供たちの反応はまちまちでした。娘は「いいんじゃない!?」って応援してくれたんですけど、息子は「ママは出なくてもいいんじゃないの？」って。それを聞いて、かつて芸能界にいた頃にお世話になった事務所社長の言葉が頭をよぎりましたが、私も芸能界復帰なんて大それたことは考えていなかったので。「新しいチャレンジになるなら」と、息子も納得してくれました。ちなみにお義母さんは、私が昔、芸能界にいたということをあまり知らないので、「よく人前に出られるわね〜」ってビックリされていました。

子供たちが大きくなり、今の私はある意味〝一段落した世代〟。まだまだ元気だから、乗っかれるものには乗っかっていきたいっていう気持ちがあります。でも今後は「女優になります！」なんて気持ちはサラサラなくて。優柔不断な性格なので、周りから声をかけてもらうことで前に進めているというか。目の前のことをひとつずつやらせてもらっている感じです。

私の肩書はタレントでも女優でもなく、「原田龍二の嫁」です。よく「芸能界復帰」って言われるんですけど、そういう感覚ではなくて。夫が頑張ってきたから、今の私にこういうお話がくるんです。だから、こうやってメディアに出ることで、「出しゃばり！」とか、悪口を言われるようになるかもしれないと不安はありました。でも、耳に入ってくるのは昔お世話になったスタッフさんから言われた「見ましたよ！」の声。喜んでくださる方がいる、それだけで素直に嬉しくなります。

約25年振りにカメラの前に立った時は、緊張しました。夫は慣れてるからいいかもしれないけど、私はもうドキドキ。家でＣＭの台本を見ながら何度も練習してはいたんですけど、一緒に読み合わせするとかはなくて。ぶっつけ本番での勝負でしたね。夫は私が練習してるのを見て「いいんじゃない？」って言ってくれたぐらいです。

夫との撮影で、改めて俳優さんという職業のすごさを実感しました。監督さんからの指示を聞いて、いろんなバージョンがポンポン出てくるんです。久しぶりにパパを尊敬した瞬間でもありました。

このCM出演から、夫婦でテレビに出ることがあっという間に増えました。もちろん聞かれるのは当時の不倫のこと。そういうのも覚悟の上だし、こうなってくると〝復習〟よりも、笑い飛ばさないとやっていけないですよね。


2人で出演したCMの記者会見が、夫の謝罪会見と同じ場所だったこともあり……。もうこれは絶対に聞かれますよね。私自身、夢にも思わなかったです。あの場所に私が立つなんて。会見前に、夫から「2年前は1人だったけど、今回は一緒だから大丈夫」って言われたんですけど、「一緒にしないで！」なんて言ってしまいました。

私としてはやっぱりこの話題は避けて通れないし、それがあったから今の原田龍二がいるとも思っています。もう私たちの間では過去の話にはなっているんですけど、番組から求められている以上は、「今はまだそういう段階なんだろうな」という感覚です。ただこの話題で2年以上も引っ張れるなんて、それはそれで逆にすごいのかもしれませんね。

「人は傷つけあって、許しあって、愛を覚える」

改めてあの時のことを振り返ってみても、やっぱり許せません。というか、私は許すつもりはないです。浮気のことを考えてしまうと「許せない！　ムカつく！　バカ！」っていう気持ちになってしまうので、もちろんそんな不毛なことはしません。たまに言われるんです。「浮気をする人は病気だから治らないよ」って。私だってそんなことはわかっているけど、そのことだけをずっと考えながら日々の生活を送りたくはないですからね。起こってしまったことは仕方ない、大事なのは〝ここからどうしていくのか〟です。

あの頃、内に籠《こ》もらずに周りからの声を聞けてよかったなって思います。言葉って暴力になる時もあるけど、私にとっては支えになることのほうが絶対的に多いんです。悲しさのあまり耳を塞いでしまいそうになりましたが、あの時の私の中に、友人や知人からの言葉を受け入れられるだけのスペースがあったから、離婚という道を選ばずにすんだのだろうなって今でも思っています。

というのも、キャシー中島さんの娘さん、勝野雅奈恵《かつのかなえ》さんの結婚式に出席した時に聞いた、映画『時をかける少女』などで知られる大林宣彦監督のスピーチに感銘を受けていたからかもしれません。「人は傷つけあって、許しあって、愛を覚える」という監督のスピーチ、その言葉が私の心に深く刺さりました。人生の岐路に立たされるたびに思い返しています。

私のことを心配して伝えてくださる言葉は聞きたいと思うし、逆にそうじゃない言葉は切り捨てる。あの時のことを乗り越えられたのは、大林監督の言葉に影響された自分があったから。どんな場所でどんな言葉に出会うか、それも運命なのかもしれませんね。

私たち夫婦も傷つけあったけれど、これからも愛しあってていいんじゃないかなって思えたんです。そしてその気持ちは、今も変わっていません。

車は、2年前に買い替えたステーションワゴンを今も乗り続けています。家族みんな、なかなかこの車に愛着が湧かず……。私は車酔いすることが増え、彼に「生き霊でもついてるんじゃないの？」なんて言っています（笑）。

そんな中、この前車検がありまして。

車屋さんから「次の車どうですか？」って聞かれたんですよね。そしたらパパが「四駆乗りたいですよね～」なんて言ってるんです。もうすかさず「車検通します。車はまだ買い替えませんし、ダメですよ。あれから2年しか経ってませんからね」って畳み掛けてやりました。今は息子がいないので、私が目を光らせておかないとです。

車に乗ってると、夫はしょっちゅう「この車は腰が痛くなるな」とか言っていて。全然同情できませんよね。最初は、軽トラにしようかと思っていたんですけど、それじゃ家族4人で乗れないからということでステーションワゴンに。以前夫がお仕事でご一緒したマツコ・デラックスさんからも「軽自動車にしなさいよ」って言われていました。私的にはもっと言ってほしかったくらいです。

公になってしまったことは仕方がなかったですけど、夫も私も、みんなに見られている中でしょんぼりしたくないという気持ちが強かったからこそ、ここまでやってこられたんだと思います。負のオーラを纏《まと》っている人とは、誰だって一緒にいたくないですもんね。気持ちの切り替えは大事だったと思います。そういう風に考えていたら、日常が戻ってくるのがすごく早かったです。

こういうことがあると、「ほかの家庭は……」なんて考えたりするのかもしれませんが、私は人と比べることをあまりしません。小さい頃にいっぱい比べてきたので。「なんでうちはお父さんがいないんだろう」とか「なんで離婚しちゃったんだろう」とか。やっぱり友達の家と自分の家を比べると辛いんですよね。

ただ、大きくなるにつれて学んだのは、私が勝手によその家庭を幸せ認定していただけで、その家庭にも何かしらの事情はあったのかもしれないということ。わかりもしない、他人の幸せを羨《うらや》むなんて建設的じゃないですよね。それに気付いてからは、誰かと自分を比べることはなくなりました。

この話を子供たちにした覚えはなかったんですけど、あの浮気事件のちょっとあとに息子が「ママは小さい頃、大変な思いをして生きてきたんだから、今パパが幸せにしなくてどうするの?」って言ってくれたんです。もう感動しちゃいました。

子供って親が気付かないうちに色々感じて、色々経験して。親の中では、子供たちっていつまでも子供のままじゃないですか。それがこんなに成長したんだっていうのを嬉しく感じました。息子にこんなことを言わせるなんて、この時ばかりは「パパは一体何をやってるんだか……」と思わずにはいられませんでしたよ。

こういう気持ちは、子供たちがいなかったら絶対に得られないものでした。息子と娘がいたから、私たちは今日も楽しくすごせているんだと思います。まだあれから2年半ですが、これからもこの楽しい毎日が当たり前であるといいなと願うばかりです。

夫の浮気癖を分析

付き合っていた当時もそうでしたけど、私たちの関係がうまくいっていると夫は何か悪いことをしたくなってしまうのではないか。それが私の出した結論です。

森ママが「家庭がうまくいってないと男は浮気しない、うまくいってるから浮気しちゃうんだよ」と言っていたのを聞いて、ハッとしました。たしかにそうかもしれません。夫は、平穏な家庭の中にいると、何かワクワクすることをしたくなっちゃうんじゃないかと勝手に想像しています。いけないことをしたくなっちゃう、まるで子供ですね。

私が思うに、過去2回の浮気で「バレても乗り越えられる」という悪知恵がついてしまったのかもしれません。週刊文春さんに撮られるまでは、世間にはバレていませんでしたからね。今回のもおそらく「愛にバレてもまた謝ればいい」くらいに思っていたのかも。

夫は長いこと芸能界に身を置いていますが、芸能人のお友達も少なく、派手に遊んではいないタイプの人でした。お酒も飲まないから、飲み会の席に出ることも少なくて。だから記者さんたちの目につかなかったんでしょうね。

そもそも悪いことをしているという意識が低かったんだと思います。その瞬間を楽しんでいるだけで、そういう行為によって誰かが傷ついているとは思っていなかったんじゃないかな。そりゃそうですよね、だって本人は楽しいんだから。もしその最中に私の顔が浮かんでいたとしたら、そんなことはできないはず。甘くて楽しい部分だけに目がいってしまっていた彼。そんな楽しいことをしていただけだと思うと、私がこうして悩むのもバカらしくなってしまうというのも本音です。

一方で芸能人という立場上、ある程度チヤホヤされることに慣れていたのではないのかな。長年そういう環境下にいると感覚が麻痺してくる部分はあると思うので。だから、普通だったら「これはダメだぞ」って気付くような状況判断ができなくなっていたというか。元来、ちょっと危ないことが好きな人ではあるので。ダメって言われれば言われるほどやりたくなっちゃう。でもバンジージャンプとか、ジェットコースターとかはダメなんです。私としては、スリルが味わいたいならそっちにしてくれればいいのになんて思ったりもするのですが、なかなかうまくは噛み合いませんね。

夫は多分、離婚する気はないんだと思います。過去の経験から、私が許してくれる人だって頭のどこかで思っているから、同じことを繰り返すんでしょうね。でも、今回は週刊誌に撮られて、謝罪会見でマスコミのみなさんに吊るし上げていただいて。子供たちには本当に申し訳ないことをしたと思いつつも、いい薬になったんじゃないかと思っています。

あれから2年以上が経って、妻の勘としてはそろそろ悪い虫が動き出すんじゃないかなんて感じていて。彼に「そろそろ悪いことしたくなるんじゃない？」って聞いちゃいました。そしたら「しないよ」って。私も〝浮気したくナルナルマジック〟にかけるところだったって反省しました。浮気癖については多分これからも信じることができませんが、本人が「しない」と言っているんだったら、その言葉通り受けとろう。今はそう思っています。

なんてことを言いつつも、〝平穏〟が苦手な私たち夫婦。インタビューで「平穏に暮らしたい」と言ったこともありますが、よく考えてみるとそれだけでは退屈しちゃうんです。私としては、新しくチャレンジさせてもらってるこの仕事が刺激になってるからいいんですけど、夫にはマンネリを感じさせちゃいけないなって。そのためにも撮影や仕事で色々な刺激を与えてもらいたいです。いつか一緒に地方ロケにも行ってみたいな。

でも夫が好きな心霊スポットの撮影に関しては、私は付き合えない。この前私、金縛りにあってしまって。すごく寒くて、おじさんみたいな人に首を押さえられてたんです。夫が部屋に入ってきた時、私は「寒い、寒い」って言いながら寝ていたらしいんですけど。久しぶりの金縛り体験だったんで、そのあと心霊スポット撮影から帰ってきたパパに「玄関に粗塩撒《ま》いてから入ってきて」って言ったら怒られちゃいました。でも絶対にパパが連れてきたんだと思っています。

浮気をした夫を持つ妻として

3回目の浮気の前までは、ちょっとした口論になった時に私が過去の浮気話を持ち出して、話が余計に拗れるということを繰り返していました。そういう時って、私のほうも怒っているから「相手を言い負かしてやろう」じゃないけど、どこかそういう風に考えていたんでしょうね。

でも3回目の浮気がわかった時、「いつまでも同じところを突いているからこうなったのかもしれない」って気付きました。あの頃は、何も前には進んでいなかったんですよね。それにいつまでもそのことに囚われているうちは、本当に大切な人たちを大事にできないんだなって思って。

私にとっては、夫とかわいい子供たちが大切なんです。そう思ったら自然と、これからの4人での暮らしがどうしたら幸せになるかを考えられるようになったというか。過去に縛られてしまうことは簡単だけど、そのぶん自分の幸せ像って見失いがちになっちゃうんですよ。

ただこれだけは言えることですが、また同じことがあったらその先はわかりません。付き合っていた時と、子供たちが小さい頃にした夫の浮気に関しては、「もし次したら……」って考えていたんです。もう次の浮気について考えちゃってる時点で、次があるって思い込んでいたんですよね。2回目でそう思っていたら実際次があったんですから。

普段の生活に慣れてくると、「本当に反省してるのかしら?」と思っちゃうのも私の悪い癖。これって、私なりのダメージ回避方法なのかもしれなくて、「まさか!」と思うより「ああ、やっぱり……」のほうが気持ちが楽というか。自分で自分を守る行動ではありましたが、それも「次」があるという前提で考えていたから生まれたもので。だから今回はそれをやめました。もしあったらあったで、その時に考えようって思ったんです。

夫の場合は、メディアに出てしまったこともあって反省したかもしれないけど、反省しない男の人ってきっといっぱいいると思います。実際、過去2回の浮気に関しては反省してなかったわけですし。浮気夫を素直に反省させる方法があったら、私も知りたいくらいです。

いろんなことがあったけど、パパが素敵な人で、私がパパを好きだから一緒にいるという結論なんでしょうね。結局、〝愛〟が私たち夫婦を繋いでいるんです。

ただ、信頼ってどうしたらとり戻せるんでしょうね。夫の浮気がわかったあと、カウンセリングに通おうかなと思い、色々探しましたが結局断念。カウンセリングの先生がいたら、「信頼の回復方法」についてどういう話をしてくれるんだろうって。毎日疑ってすごしてるわけでもないし、今の彼の気持ちに不安を覚えているというわけでもないんですけど、信頼しているかと問われると……素直に肯《うなず》けない自分がいます。

「浮気」という藪の中のような道を探り探り進んできた結果、今回はもう何もしませんでした。罵ることも、叩くことも、話し合いも。したことは、私がこれからどうしていきたいかを夫に伝え、夫からも同じく今後どうしたいかだけを聞いて。離れて暮らした1週間という短い時間ではありましたが、日々送られてくる彼からのメッセージを見たり、謝罪会見での言葉を聞いたり。

信頼はしていないけど、彼が口に出した言葉は素直に受け入れる。それに、私自身が「これからもパパと一緒にやっていく」と決断した気持ちは、信頼に価するものですから。

夫を信頼できなくても、自分のことは信頼しようと思えたから今があるんです。

もちろん、苦しくなかったわけじゃないですよ。決断したあとも、本当にそれでよかったのかと悩みもしました。でも最後はやっぱり「4人で仲良く暮らしたい」って気持ちになるんです。その思いがあったから頑張ってこられたのかな。本当に憎たらしいですよね、妻をそんな気持ちにさせるなんて。

付き合っていた頃も浮気サレて、悔しいし大っ嫌いって思ったけど、それでも大好きなんです。顔も見たくないって思っても、それでも一緒にいたい。幸か不幸か、私はそういう人に巡り会えたんだと思います。

今回の騒動で得たものもあります。それは、もうカッコいいだけの原田龍二の妻を演じなくていいということです。ブログもそうですけど、俳優さんって私生活を見せないほうがいいという勝手な思い込みから脱することができました。

私としても浮気がバレて恥ずかしいと思う反面、全て丸出しになったことで気が楽になりました。だって、私の中では隠しごとがなくなったわけですから。今まで夫のことを「すごくいい人ですね」って褒めてもらうたび、笑顔で頷きながらも心の底では沸沸《ふつふつ》と込み上げるものがあって。言えないですよね、「いやいやそんなことないですよ、浮気者ですよ」なんて。嘘をつくのが苦手な私としては、みなさんが彼の本当の姿を知ってくれた今のほうが気持ちが楽なんです。私はありのままでいたかったので、夫婦共にやっと本当の姿をお見せできることになってよかったと思っています。

結局のところ、愛していて別れないという選択をするのなら、憎しみを表現するより捨てていかなければいけないんですよね。浮気サレたほうがそうしていかないと、堂々巡りになってしまうから。3回の浮気サレ経験をして、私が辿り着いた答えがこれでした。すごく単純だけど、これが一番難しいんだなって今でも思っています。

もうこれ以上、新しい悟りを開かなくてすむように。願うのはそんなことばかりです。

JOSHUA TREE
CALIFORNIA

第5章

別れない理由

私はどんな人間なのだろう

不倫騒動のあと、「妻の鑑《かがみ》」なんて言われることもありますが、謙遜でもなんでもなく、私はそんな人間じゃないんです。三つ指ついて夫に「行ってらっしゃいませ」「おかえりなさいませ」なんてしたことありませんから。

私たちがすることといえば、行ってらっしゃいのハグ。これは日課になっているので、今思えば浮気サレていた時もしていたんですよね。

私がこうして夫と一緒にテレビに出演することで、「(夫の浮気を許せるなんて)優しい奥さまですね」なんて言われることもありますが、そんなことはなくて。私自身は彼に対して優しくないと思っているので、全く違う世間の反応に、「?」と思わずにはいられませんでした。

母の離婚があって、子供の頃に辛い経験を乗り越えてきた私は、本当だったら強くならなくてもいい部分が強くなってしまったのかもしれません。幸せにスクスクと育ってきていたら、今回の件も耐えることなく別れていたのかもしれない。

……と、自分で自分のことを分析してみましたが、いい機会だったので昔からの友人やママ友にも私がどんな人間かを聞いてみました。昔からの友達は、「芯が強くて真っ直ぐな性格」「愛情深い」「義理人情を大切にする」「いつも人が寄ってくる」「優柔不断で考えてなさそうで、常にみんなのことを考えながら言葉を発している」「中身はずーっと愛のまま」「チャラく見えるけど意外と真面目」など、嬉しいことをたくさん言ってもらえました。

ママ友は「そのままの人」「肝が据わってる」「人の話を聞いてない」「2回目でも初めて聞いたかのような反応ができる（実際忘れてる）」「息子愛がすごい」「常に考えて発言してる」「天然」と。

ちなみに夫にも聞いてみたんです。「私ってどんな人？」って。そしたら「欠点はないんだけど、性欲がね〜。弱いんだよね」って言われました。たしかにその通り。娘には「ママはせっかち」なんて言われて。子供に対してはいつも「早く！」って何かを急かしているかも。世の中の母親なんて、みんなそうですよね。息子からは「ポジティブ」と言われました。

私のことをちゃんと見てくれている人がいる、それって本当に幸せなことですね。

森ママからは、「龍二と愛ちゃんは性格がそっくり。2人共自分の世界があって、それぞれ自分の道を進んでいってる」って。そう、私たちは束縛されるのが嫌いな者同士です。でも夫は構われるのも好きで、あんまり放っておくとどっか行っちゃうから、その匙加減《さじかげん》を間違えないようにしないと。

小学生の頃、成績表に「お友達への言葉がキツい」って先生からコメントをもらったことがありました。たしかに、なんでもズバッと言っていたかもしれません。その先生からのコメントが忘れられなくて、年々言葉を選ぶようになりました。友達から私は「考えながら言葉を発してる」って、ちゃんと気を遣っている部分が伝わっていたのは、なんかこそばゆかったです。これは言い訳ですが、お兄ちゃんがいる妹って気が強いんですよね。娘もそうだし。そういうところは私に似たのかしら。

そして、無理をしないです。日々の生活でも家族への甘えからか、思ったことをそのまま口にしてる私。よく「言い方悪いよ」って家族みんなから注意されます。だから、子供たちから素っ気ない言い方をされると、「私がこういう言い方をしてるんだろうな」と反省するばかり。まさにブーメランで自分に返ってきています。

基本的にはお調子者の私なので、普段から家族みんなでふざけてるこの環境が心地いいです。パパがＹｏｕＴｕｂｅでやっている、埼玉を徘徊《はいかい》する「ジャガー星人」の撮影とかは、ノリノリで付いていきます。どんな幼少期をすごしていたかというより、今どうやって暮らしているか、幸せなのかのほうが大事なんじゃないかなと思う今日この頃です。

結婚とは

夫がたまに「愛は性欲が……」と言うんですけど、それはまあその通りで。一般的な話になりますが、夫婦としてやっていくには、そういうことも上手く捌《さば》いていかないとやっぱりダメなんでしょうか。男性、女性、性別関係なく悩んでいる方は多いのかもしれませんね。

私から言わせてもらえるならば、母親になってしまった妻の立場もわかってもらいたいです。その辺のデリケートな心の機《き》微《び》を感じとってもらいたいと思うことは、相手に求めすぎなのでしょうか。でも一生生活を共にすると決めた相手だからこそ、そういった問題は腹を割って話す必要があるのかもしれませんね。

夫婦共に浮気して拗れているなんて話を聞くと、なんでそんな無意味なことをするんだろうと思ったりもします。これまでの人生の半分以上を私は原田龍二とすごしていますが、私の場合は彼以上に好きな人が現れなかったから一筋だったというだけの話なんですけどね。

夫婦が抱えている問題って、本当に色々ですよね。

結婚って「紙切れ一枚ですぐできる」って言う人もいれば、「その紙一枚がすごく重い意味を持つ」と言う人もいて。私はどちらかというと後者です。約10年という交際期間があったから、婚姻届を出して子供を授かりたい、家族を作りたい。そういう思いがあったからこそ、この〝紙一枚〟をとても重要に感じていたんです。

なんの保証もなくただ付き合っているだけの生活は、やっぱり不安でした。自分が宙ぶらりんな感じがするんです。日常としては何も変わらなかったのかもしれないけど、婚姻届を出す前とあとじゃ私の気持ちは全然違ったんです。

喧嘩が絶えなくて愛情もなさそうなのになぜか一緒にいる夫婦……私はそういう風にだけは絶対になりたくなかった。だったら別れればいいと思うし、憎しみあったり暴力をふるったり、そこまでして一緒にいる必要はないんじゃないかなって。

私は母の離婚を経験してるからそういう風に思ってしまうんですけど、実際のところ離婚は簡単じゃないというのも知っています。でも感情論だけを話してしまうなら、もし私と彼の関係が冷め切っていたら即離婚するのは間違いないかな。

ただ浮気サレる前とあとで、2人の関係は全く変わらない私たち。

家の中の雰囲気も含めて、何ごともなかったかのような毎日をすごしています。それって、夫の家族に対する愛情がずっと変わっていないという証拠なのかな。まあ「本当に好きだったら浮気なんてしないでしょ」ってチクリと思ったりもしますが。日々、なんだかんだ楽しくすごしながらたまにムカついて……これが結婚ってやつなんでしょうね。

完璧な夫婦なんていない

こと私たちに限っていえば、感覚が似ていることが夫婦円満の秘訣かもしれません。たとえば、お互いオナラしても大丈夫とか。女性らしさがないとげんなりする男の人もいるかもしれないけど、生理現象は仕方ないです。もちろん、30年間という時間の中で感覚が近くなってきた部分もあります。

一緒にいて楽。

これに尽きるのではないでしょうか。我慢しなくていい部分が多いから、お互い素でいられるというか。結婚する前も、結婚したあとも、そして子供たちが産まれたあとも、私たち2人の関係は何も変わっていないんです。……もちろん私は母になって色々と変わりましたけど。

2人でよくお買い物に行ったり、ラーメンを食べに行ったりもします。俳優という職業柄、夫は平日・休日の区別もなく休みが変則的。平日にお休みだと、子供たちが学校だから

2人でどこかへ行くというのは、私たち夫婦にとって自然な行動です。あと、自分が不安に思ったことはなんでも話すようにしています。彼はそういうのに意外と付き合ってくれる人なので。たとえ、話を右から左に聞き流していたとしても、私は話してスッキリするから、まあいいかって。はたから見たら、「真剣に話を聞いてくれないなんて！」と思うかもしれないし、私も最初はムカついてました。

20年も夫婦をやってるとそれくらいがちょうどいいんです。小さな愚痴も溜まれば爆発しちゃうけど、そうやって少しずつ吐き出しちゃえば、大抵のことは乗り越えられるようになるんです。

でもこれって、悪くいうと話し合いにならないってことなんですよね。

その辺はもしかしたら彼が私をコントロールしてくれてるのかも。話し合っても「これは折り合いがつきそうにないぞ」って思ったら聞き役に徹してくれるというか。これも積み重ねなのかもしれないけど、私は私で夫がこういう人だから「仕方ない」って気持ちになれるようになって。

この「仕方ない」は諦めじゃないんです。そこまで相手にイライラしても「仕方ない」という意味。結局、パートナーへの不満って、相手が自分の思い通りに動いてくれないから生まれるものだって気付いたんです。それだったら自分が変わったほうが早いんじゃないかって。

察してほしくても、相手に求めるだけじゃダメなんですよね。たとえば駄菓子を食べながらテレビを見てるパパに「ゴミ箱のゴミを捨てておいてくれる？」と言っただけでは、家中のゴミはなくならない。「子供部屋のゴミや洗面所のゴミを全部集めて、捨てておいてくれる？」まで懇切《こんせつ》丁寧に言わないとダメなんです。言わなくても……と期待していたのは遠い過去のこと。長く生活を共にするのであれば、なんでもしっかり言っていかないとって。もちろん伝え方は重要ですが。

これはこの2年半で本当に思い知らされたことです。

私も3回目の浮気以降、今までに増して遠慮がなくなってきたというか。こうすればよかったのかと、30年かかって気付きました。

3回目の浮気前、夫の行動が怪しいとモヤモヤしていた頃は、体の中に悪いものが溜まってしまったのか、脇の下のリンパの辺りが黒ずんできちゃって大変でした。目に見えるものだったから、これは体によくないなって。真実がわかってからしばらくしたら、スッキリ元通りの肌に戻りましたもん。

深く考えることは大切だけど、思い悩みすぎないというのは、生きていく上で自分を守るための必要なスキルなのかもしれませんね。
それとスキンシップも私にとっては重要なもの。ハグするだけでなんだか優しくなれるんです。愛情の確認も兼ねてます。だから我が家では、夫とはもちろん、子供たちともハグします。みんなが優しい気持ちになれるように。

完璧な人間なんていないし、完璧な夫婦なんていない。

もちろん、完璧な相性なんてものもないと思うし。夫と私は夫婦でいるけど元は他人同士だったんだから、お互い歩み寄って思いやりを持つ。これからも一緒にいるためには、そういう気持ちを忘れちゃいけないんだと思います。だって、夫婦になろうって思ったってことは、結局相手のことが好きなんですからね。

老後について

アラフィフになり、そろそろ考えなければいけないのが老後のこと。世の中の同世代の方たちはもう考えているのでしょうか？　私たち夫婦はその辺についてはサッパリです。更年期障害になったことで、老化という名の足音は聞こえてきますが……気持ちはまだまだ若いままなんですよね。一体いつになったら考えるのが正解なのか。

夫は定年のないお仕事をしていて、生涯役者を続けると言っています。80歳をすぎても演じられる役がある限り、俳優として頑張りたいのだとか。私も彼の性格からしてそっちのほうがいいんじゃないかなって思っています。

漠然と思っているのは、多分このままなんだろうなということ。私たち夫婦は、2人でいる時間が特別ではないから、なんとなくこの先の関係性も想像できてしまうんですよね。元気だったら、旅行に行きたいなくらいの希望があるだけで、あとはノープランです。

もちろん終《つい》の住処《すみか》とか考えたりしたこともありましたが、住み心地のいいこの家も気に入ってるんです。ただ近くに海がないのは、私としてはちょっと寂しいですが。

老後で一番楽しみなのが、孫。でも今の若い人たちは、子供を産むのが遅くなっているから、そこはちょっと不安です。70歳で赤ちゃんの面倒をみられるかしら、なんて想像しちゃうと、まだ見ぬ孫のために今から体力作りをしておかないとなんて勝手に思ったりして。

息子はこのままアメリカに住んで、あっちで結婚しちゃうかもしれないし、期待するのは娘の子供かな。でも娘は結婚願望がないらしく……。私たち夫婦は、孫の顔が見られるのでしょうか？

人生の最後は、できれば夫よりもあとに死にたい。

一瞬、先に死んで困らせてやりたいなんて考えたりもしたんですけど、私が先に逝ってしまったらパパと子供たちにいたずらされそうって思ったので（笑）。顔に落書きされたり、面白いカツラをかぶせたり、あの3人だったらやりかねません。そういうことを考えたら、うかうか先に死んでいられませんよね。

私の家系は両親が60代で亡くなっているので、私も早いかもなんて考えたりします。そういう気持ちがあるからか、人生悔いのないようにすごすというのが、私の日々の標語。だからもし夫が体を壊して介護が必要になったとしても、私が元気ならやれるだけのことはやってみようって思っています。逆だったとしても、パパは多分私の面倒をみてくれるんじゃないかな。何もできないなりに、そういった部分での信頼感というか、優しさはあると思っているので。

以前私が熱を出した時に、彼がからあげ弁当を買ってきてくれたことがありました。朦朧《もうろう》とした意識の中で「こんなもの食べられない！」ってビックリしたことだけは覚えています。夫としては、何か栄養のあるものを食べさせなきゃって思ったんでしょうけど、さすがにからあげ弁当は無理でした。

子供が産まれてからは、スポーツドリンク系を飲ませたほうがいいということは学んだみたいです。でもまだ不安かな。

一方でパパが熱を出すとまあ大変。ほんの少し体温が上がっただけでも大騒ぎです。普段あまり熱を出さないから、仕方ないのかもしれないけど、それこそ死にそうな顔で訴えかけてきます。

子供がインフルエンザになった時なんか、夫の体温が37度くらいになっただけで「俺もインフルエンザかもしれない」と大変な騒ぎでした。インフルエンザだったらもっと、熱がドーンと上がるからなんて心の中で思いながらも、一応寝かしておきましたよ。

そう考えると、自分のためにも老後はやっぱり元気でいるのが一番ですね。

何はともあれ、老後も彼と一緒にいたいという思いは変わりません。

自然体でいられる相手だし、楽しいし。そのためにも、夫には悪さをせずに元気にすごしてもらわないとですね！

気がすむまで愛すればいい

よく見るCMじゃないけど、私はよく夫や子供たちに「そこに愛はあるのかい？」と聞きます。

それは愛があるっていうのをわかった上で、でも「その態度には愛が足りていないんじゃないの？」という確認です。たとえどんな関係であろうと、愛がなければ私は無理です。

彼のいいところは、そこでちゃんと「あるよ〜」って返してくれるところ。適当な場合がほとんどですが、それでも返してくれるだけいいのかなって思っています。

私の場合は両親が離婚したことで、自分が愛されているのかがわからなくなってしまったんです。自分の名前だけど「愛ってなんだろう？」って、昔は常に考えていました。私自身が愛に飢えた子供だったし、その面影は今でも若干引きずっていて。だから自分の子供は、愛情で満たしてあげたいって気持ちが強いです。

本当に、〝愛〟ってなんなんでしょうね。

祖父の浮気が原因で、喧嘩をしながらも耐えていた祖母。そんな祖母を見て我慢するのをやめた母。そして、そんな母を見て育った私は、祖母が選んだ道をまさになぞっているのかもしれない。

色々なことがあった祖父と祖母でしたが、祖父が亡くなる直前、祖母が「生まれ変わってもまた結婚しましょう」って言っていたんです。正直、ビックリしました。文句言いながらも、結局はとても深く愛していたんだなって。

誰でもそうですけど、文句って言わないほうがかわいいじゃないですか。文句言ってると醜《みにく》い部分が出てしまうというか。だから私も祖母に対して、「いつもかわいいおばあちゃんでいてほしいな」って思いながら育ちましたが、祖父の人生の最期に一番かわいいおばあちゃんを見られて温かい気持ちになりました。

母からは、彼と私の関係について「気がすむまで愛すればいいよ。いつか気がすむから、きっと」と言われたことがありました。これは付き合っていた頃、浮気サレた話を母にした時のことです。

正直、母は「そんな人やめちゃいなさい」って言うと思っていたので、これまたビックリ。母が生きていた時は、その破天荒さに揉めることも多かった私たち親子。その反面、そこまで言い合えたからこそ、私にとって母は精神的な支えだったし、何かあった時は迷わず相談できる相手でもありました。だから、この母の言葉は今でも私の中で生きています。

母が亡くなった今になって、2度の離婚経験があった母だけど、母自身も「気がすむまでお父さんたちを愛した結果だったのかな？」なんて考えたりもして。子供の頃は母の離婚に悩むことも多かった私ですが、大人になった今は、「母には母なりの考えと気持ちがあったんだろうな」と思えるようになりました。

そして今の私は、夫が浮気するたびにこの言葉を思い出しています。

たしかにそうなんですよね。どんなことがあったって、自分が気のすむように彼を愛すれば少なくとも私は後悔しない。祖父母のように色々乗り越えて、最後に愛が残れば幸せな人生だったって言えるのかもしれません。

人を好きになるのも愛だし、子供たちを慈《いつく》しむのも愛、ペットを大切に思う気持ちも愛だと思うし。愛ってきっといろんな種類があって、人それぞれの定義があって、色々な形があるようでないものだと思います。

私の中での〝愛〟とは、昔から今も変わらず原田龍二と一緒にいたいって思う気持ちなのかな？

30年一緒にいるけど、それでもまだ飽きなくて。浮気サレるけど、それでも一緒にいることを選んで。こんなに大切で、こんなに愛おしくて、でもこんなに憎たらしくて。いいところだけじゃなく、嫌だなって思う気持ちも丸っと引っくるめて、それでも彼がいい。

私は人生の最期に、夫に対して何を思うのでしょうか。きっとその瞬間に思うことが、私が今でもずっと悩み続けている「愛ってなんだろう？」への答えなのかもしれません。

だから私は離婚しない

夫のダメなところは女癖が悪いというのか、浮気癖というのか。つまりはそういうところです。

夫は私にも優しいけど、女性全員に優しい人です。どんなにオープンな人でもドア1枚くらいはありそうなものですが、夫は入り口に何もない人。隙あらばチャンスを狙っているところは絶対にあると思います。それなのに、普段から女性を目で追う素振りは一切見せないし、自分の好みのタイプも絶対に教えてくれません。

そういう態度が、私にとってはなんか鼻につくんですよね。


でも私にとって、パパのダメな部分ってこれだけなんです。

あとは全部いいところ。結局離婚しないのって、ダメなところよりもいいところの数のほうが多いからっていうのもあるんですよね。

夫はとても面白い人だから、一緒にいて飽きません。私にとって彼の発想そのものが魅力的だから、なんてことのない日々の生活が楽しく感じられるんです。喋っていることや、彼の興味があるもの、そばにいるだけでこんなにワクワクさせてくれる人はほかにいません。

変わらずに優しいところだって、夫婦でいる上で大切だと思っています。ほかの女性にも優しいという部分に関しては解せませんが。

結局カッコいいところも好きです。彼自身も見た目にすごく気を遣う人だし、仕事柄必要なことでもあるし。外見云々で、浮気サレた時の腹の立ち具合もきっと違う気がします。第一印象はあまりよくなかったけど、カッコいいというのは昔から思っていたことではあるので。これも私にとっては彼のいいところのひとつなんです。

仕事に対する姿勢も好きです。撮影の前などの準備は怠らないし、仕事の愚痴なんか聞いたことありませんから。私生活では本当に手が掛かる人だけど、ロケなど泊まりの準備は自分でします。仕事に関することは大概1人でできる人なんです。夫自身もこの仕事が好きだし、彼にとっての天職なんだなっていうのは常日頃から感じています。

パパは子供がそのまま大きくなった人です。「もうしません」って言いながらまたやっちゃうあたりなんかはまさに。パパを叱っていると、子供を叱っている気持ちになるんですよね。でも手が掛かる子ほどかわいいってよく言うじゃないですか？　パパもその域にきている気がする今日この頃。

30年も一緒にいるんだから、仕方ないことなのかな。

あげればきりがないですけど、夫のいいなって思っている部分が負ける日がもしきたら、私は彼とお別れすると思います。浮気サレた瞬間は、悪いところにばかり目がいきがちになりましたが、それでもいいところのほうが勝っていたから今があるんです。

1回目に浮気サレたあと、私は彼を愛しているから別れないんだって気持ちに辿り着いて。そこから悟ったことは多かったです。気持ちに素直にならないと、何も前に進まない。

2回目に浮気サレたあと、本当に話し合うべきことは「自分と相手がどうしたいかの一点に限る」ということを学んで。話し合いなんかしても、自分の傷口を広げるだけでした。

3回目に浮気サレたあと、気持ちに蓋をすることを覚えました。円満に家庭を続けていくなら、憎しみを思い出すよりしまっておかないとうまくいかないんです。

離婚ではなく結婚生活を続けるという道を選んだ場合、浮気サレたほうが我慢しなきゃいけないことが多いと思います。だから気持ちはシンプルでいたほうがいいんじゃないかなって。まだ愛する気持ちが不思議と残っていたから、それを信じる。前向きに考えれば、こんなことがあっても嫌いにならない、そんな人に出会えた私って「ラッキーじゃん！」って。

それが私の素直な気持ちです。

だから、私は夫と離婚しません。だって、愛していますから。

これが私の別れない理由です。

2007/ 9/29

MIX

おわりに

私たち夫婦の実態はドロドロにいがみあっていて、これが暴露本なんじゃないかと期待していた方には申し訳ない限りです。結局パパが大好きな私は、悪口を言いながらもこれからも一緒にいる道を選び続けるんだと思います。だからといって浮気は許せませんけど。最後までお読みいただいてありがとうございました。初めての本、どんな感想をいただけるのかドキドキです。ぜひお手柔らかにお願いします。

この本を出すにあたり、自分の幼少時代の話やパパとの出会いなどを思い出し、なんだか懐かしい気持ちになれました。長く付き合っていると、マンネリ化してくることもあると思いますが、たまにこうして付き合い始めのことを思い出すといいのかもしれない。あの頃の気持ちが蘇るというか。まあ私の場合は、思い出さなくてもいい浮気話まで蘇ってきて、微妙な気分にもなりましたけど。

それでも自分の人生を振り返るキッカケになりました。

何はともあれ、彼の悪い虫が動き出さないことを願うばかり。「はじめに」でリラックスして読んでもらいたいと書きましたが、パパにだけは正座して読んでもらいたいです。

今浮気サレて悩んでいる方に、「あなただけじゃないですよ」なんて言うつもりはありません。これはあくまでも私の話だし、私の選択なので。だから、「なんかこの夫婦面白いな～」くらいの気持ちになっていただけたら嬉しいです。浮気サレた人が、どう乗り越えていくのかはその人次第ですからね。

これにて私、原田愛の浮気サレた話はおしまいです。「復習」ももうそろそろ必要ないですよね。これからもたまに差しはさむことはあるかもしれないけど、みなさんもうお腹いっぱいだと思います（笑）。４回目でみなさんとまたお会いしないことを願って。

最後にもう一度言わせてください。ある意味、夫への最高のラブレターになったこの本、読んでくださって本当にありがとうございました！

マハロ！

原田　愛

原田 愛（はらだ・あい）
1973年６月16日東京都生まれ、神奈川県育ち。
15歳で芸能界デビューし、タレント・女優として活躍するが、
'92年に引退。'94年にドラマ『若者のすべて』で仕事復帰を果たすが、
１年弱で再び引退する。
俳優・原田龍二とは'92年ドラマ『キライじゃないぜ』（TBS系）での
共演がキッカケで交際が始まり、約10年の交際期間を経て
2001年12月25日、結婚。１男１女をもうける。
夫の不倫騒動に際し「原田、アウト」の名言をはなち、
現在、芸能活動を再開、テレビを中心に活躍中。

別《わか》れない理由《りゆう》

2021年11月22日　第１刷発行

著者 —— 原田《はらだ》 愛《あい》
発行者 —— 鈴木章一
発行所 —— 株式会社 講談社
〒112-8001
東京都文京区音羽2-12-21
TEL 編集 03-5395-3400
販売 03-5395-4415
業務 03-5395-3615

KODANSHA

印刷所 —— 大日本印刷株式会社
製本所 —— 大口製本印刷株式会社

STAFF
ブックデザイン　市原シゲユキ（SUPER MIX）
編集・構成　小室麻衣
企画・プロデュース　成澤景子（SUPER MIX）

　ISBN978-4-06-526499-7